おたくとアヴァンギャルド
論
大塚英志
太田出版

シン・論

Contents

おたくとアヴァンギャルド

第三章 原形質と成熟

ログラインとしてのまえがき

本書における試みはさほど斬新なものではない。『シン・エヴァンゲリオン劇場版𝄇』（以下、『シン・エヴァ』と表記する）をありふれたアヴァンギャルドの歴史の中にただ再配置するものである。

別の言い方をすれば、本書は『エヴァンゲリオン』シリーズの背後にある凡《およ》そ近代一〇〇年の「教養」の所在についてその外郭をデッサンするものだ。

そのための立論が、例えば最初の一〇分程における、エッフェル塔のローアングルから戦艦の三六〇度描写に至る美学とその無自覚な政治性の出自がどこにあるのかという問いである。それを探ることで『シン・エヴァ』が近代表現におけるありふれた事態としてある、世界表現の機械化の極東における様式化の達成であることを確かめる。その様式化は日本近代史においては、第一次世界大戦後に世界的規模で開始された世界の機械的記述という思潮を踏まえ、十五年戦争と呼ばれるこの国の戦争下で、表現全体の中で理論的仮説と実践からなる相互作用的な先鋭化が起き、それが戦後に継承された事態の結果としてあるものだ。筆者がしばしば諧謔として「おたく文化の戦時下起源」と呼ぶのはそのような現象を指摘してのことであり、『シン・エヴァ』の庵野秀明に代表されるおたく第一世代はそのことに自覚的だった再末尾に当たる。だからこれも繰り返す言い方だが『ゴジラ』や『ウルトラマン』の「特撮」の出自を自力で探れば『ハワイ・マレー沖海戦』やP．C．L．（写真化学研究所）に容易にたどり着き、しかしそれらの「教養」はポリティカルな意味は不問のまま無頓着にストックされ、殊更、その政治性について互いに語りもしなかったのである。

このような様式性は別の側面を持ち出せば「世界」を俯瞰するときにミニチュアとして把握せずにはおれない作法としても方法化される。それがいかなる世界認識に至るかは、当然だが無頓着である。何故ならそれらは「工学化」しているからである。しかも、戦後に継承されたこれらの「方法」と「美学」は近代戦争を構成主義的な意味で「構成」するもので、その様式はそれ故、イデオロギーにかかわらず、描くべきものとしての「戦争」を呼び起こし続ける。宮崎駿からガイナックスに至るおたく表現が「戦争」を描くことに寄せる方法的執念の理由はここにある。それはこの国のおたく表現が戦争機械芸術の一部に過ぎないことを意味するが、しかしそれはミリタリー表現に限定されない。

庵野秀明の鉄塔、新海誠の踏切遮断機のフェティシズムや初期『ウルトラマン』『ウルトラセブン』に於ける幾何学図形と『エヴァンゲリオン』の使徒の幾何学性の背後にはロシアアヴァンギャルド的な「構成主義」の美学を、あまりにありふれた議論とは言え、改めて見ないわけにはいかない。

同様の「ありふれた」議論はいくらでも可能だ。

プラグスーツの出自はフリッツ・ラングの映画『メトロポリス』における人造人間マリアだが、大正新興美術運動において「人造人間」は、一方ではカレル・チャペックの戯曲『R.U.R.』における万能細胞的な原形質、他方では、ユダヤ教的なゴーレム(ユダヤ教の伝承に登場する自分で動く泥人形)の双方の文脈を持っていることも殊更指摘するまでもない。綾波レイへの歴史的出自の説明が今更、必要とも思えない。

「第3村」も同様である。身体は戦争という機械化されたシステムを構成する。身体の記号的な書式と兵器あるいは身体のリアリズムの「共存」はその副産物である。戦争という機械への身体の組み込みはいうまでもなく「前線」でなく「銃後」でもおき、そして「生産」の現場でマルクス主義との共犯によって身体の定義にもなる。「労働」の戦争への組み込みもまた「機械芸術」であり画一化した喜びが求められる。

機械化、すなわち、メカニズムは「物語」の水位にも至る。文学の「メカニズム」化は横光利一「機械」や探偵小説といった機械化文学となる一方、教養小説のフォルマリズム的な「機械化」としてプロップらの「昔話の形態学」がある。この教養小説の機械化の文脈はRPGにまでは最小限、通底しうる。ストーリーテリングは「成熟」のゲーム的達成として描かれる。その先に、「成熟」のゲーム的達成を喜ぶ「批評」が待ち構えている。

こういった芸術の戦争機械化と戦時下、同時進行したのが「言説」や「身体」の発露による参加型の「協働的」とでもいうべきファシズムであり、それが「物語」や「キャラクター」の水位で行われれば物語消費（メディアミックス）になる。ゼロ年代以降は参加型による批評空間がオンライン上に整備されるが、この情報空間の受け手による自発的補完は大政翼賛会や報道技術研究会の動員技術の最終形であり、『シン・エヴァ』の「ネタバレ」や「考察」の統率のとれた管理はその援用にさえ思える。そこでおきているのは「考察」と自称する批評とテキストの補完関係、まさに相互の他者性の喪失という点でネルフの野望に近いものだ。

本書はそのような機械化的教養の戦時下における形成史をローアングルのエッフェル塔、第3村の出自、人造人間論の三つのありふれた視点からありふれた記述をすることでその所在を確認する。しかしそれは『シン・エヴァ』の是非や解を語るのではない。動機としてあるとすれば同作がそのような方法=美学の実装化を徹底したということへの「慰労」としか言いようのないものである。

実を言えば、一つ一つの文章は『シン・エヴァ』のために用意されたものではない。それぞれ独立して別の目的で書かれ、『シン・エヴァ』を生成したのと同じ「教養」の所在と、別形式の発露について書かれたものだ。近代、あるいは戦時下の機械的教養の所在を指摘するのに個別に書かれたが、しかし、『シン・エヴァ』の上に配置すると極めて分かりやすいものになる。それは『シン・エヴァ』が、というより『シン・ゴジラ』を出発点とし、『シン・ウルトラマン』『シン・仮面ライダー』と続く「シン」なる試みが、例えば成田亨のデザイン画に準拠しカラータイマーを消去したように、これらの「おたく」周辺の歴史的教養を踏まえたあるべき形へのある程度、自覚的な「つくり直し」であると感じるからだ。結果的に顕わになるのはおたく表現史の表現による歴史修正が「シン」の意図するものであろうという「批評」ではある。各論考はこの「ログライン」に従って読み取っていただくことで『シン・エヴァ』へと機械的に、無粋に変換されるだろう。

【初出一覧】

第１章　「運動」する手塚治虫―「後衛」の実践
（大塚英志編『運動としての大衆文化』水声社、2021年）

第２章　未発表原稿

第３章　手塚治虫の「擬人化」とその来歴
（小松和彦編『進化する妖怪文化研究』せりか書房、2017年）

いずれも大幅に加筆改稿を施した。

第一章

赤いエッフェル塔の歴史学

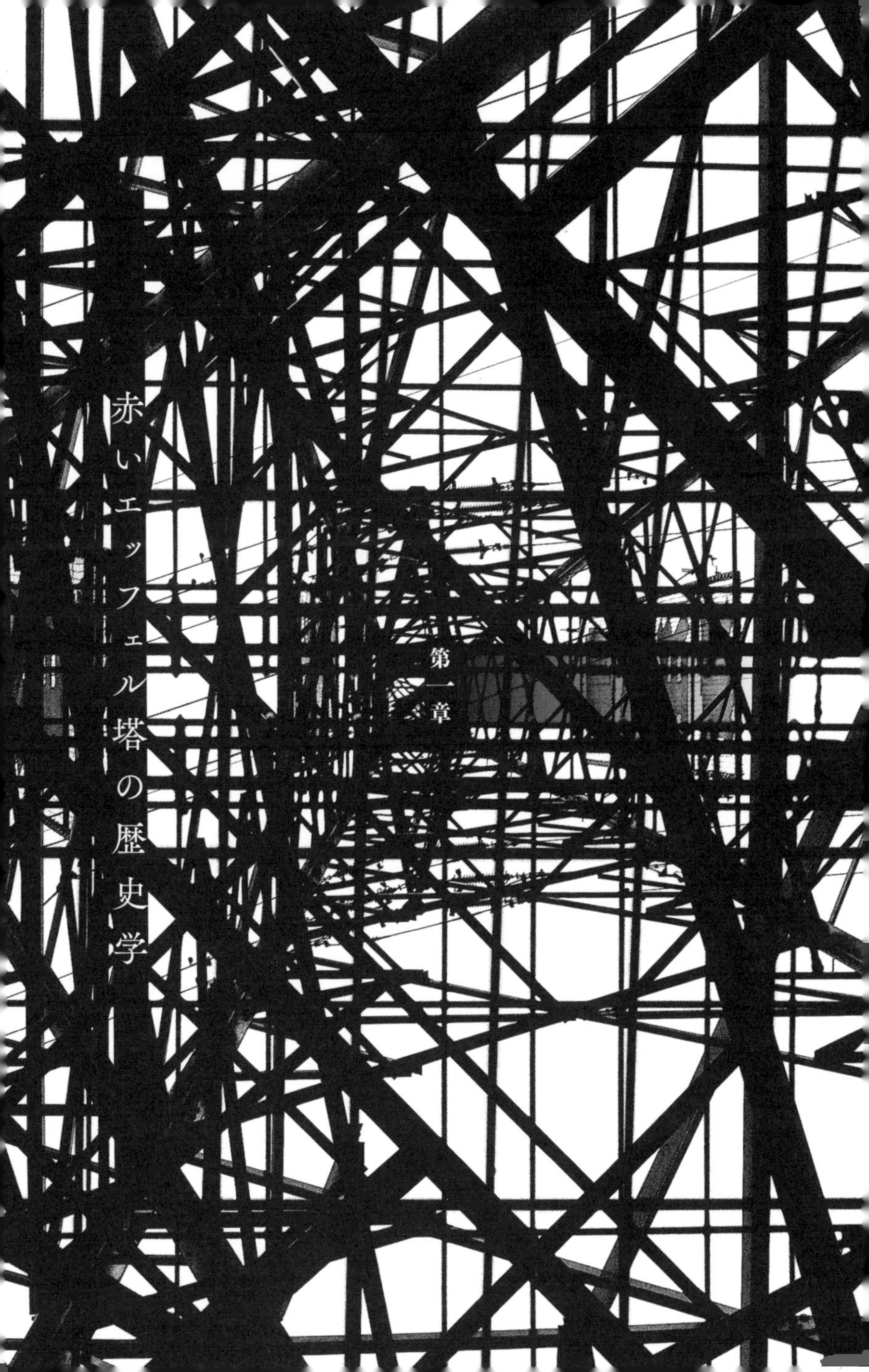

1　ローアングルの鉄塔の系譜学

庵野秀明監督による『シン・エヴァ』（二〇二一）の宣伝用ビジュアルの一つに、赤いエッフェル塔を極端なローアングルから捉えたものがある【図1】。この写真からドイツ出身の写真家ジェルメーヌ・クルルが、パリを舞台に橋やエッフェル塔などの鉄骨からなる巨大建造物を極端なカメラアングルで捉えた写真集『Ｍéｔａｌ』（一九二七、【図2】）を連想することはさほど難しくない。

本章は、あるいは本書そのものが比喩的に言えばこの二つのローアングルの鉄塔の間を埋めるものだが、目論むのは章タイトルにひとまず便宜的に掲げた系譜学ではなく、それが指し示す文脈、あるいは方法＝美学の水脈である。それをトレースすることで庵野秀明に至るこの国のおたく文化が収まり得る歴史の所在を確認することにある。

戦後のアニメやその周辺の文化に限定すれば、このローアングルのエッフェル塔からただちに想起されるのは、例えばスタジオジブリのネコバスのいる送電線であろう【図3】。メイの視線から見上げれば必然的に過度のローアングルとなるが、むしろ興味深いのはスタジオジブリの近隣に実在し、印象のジブリアニメっぽさを以て「ジブリ鉄塔」とｗｅｂ上で呼ばれている鉄塔【図4】をファンが撮影した写真が、『シン・エヴァ』ポスター以前にロングショッ

ローアングルの鉄塔は どこから来たか

【図2】Germaine Krull LA TOUR EIFFEL (1927)

【図1】庵野秀明監督『シン・エヴァンゲリオン劇場版:||』（2021）宣伝用ポスター

トではなく過度のローアングルからかなりの確率で撮影されてきた事実で、「ジブリ鉄塔」で画像検索すれば明らかである【図5】。彼らは庵野のポスターを当然だが予見したわけでなく、かといってその撮影者の全ての写真史的教養がクルルに届いていた、というわけではないだろう。いささか文学的に比喩するなら彼らはむしろ「ネコバスのいる鉄塔」の写真的古層を鉄塔のある現場に立ちカメラを構えた瞬間、掘り起こしてしまったといえる。

無論、その時、彼らの念頭に岩井俊二の映画『リリイ・シュシュのすべて』の映像やポスターの鉄塔【図6】、あるいは銀林みのるの小説『鉄塔 武蔵野線』【図7】の装丁が念頭にあった可能性もある。

あるいはやや毛色は違うが、『ジョジョの奇妙な冒険』第4部「ダイヤモンドは砕けない」の鋼《かね》田《だ》一《いち》豊大《とよひろ》の買い取った鉄塔【図8】や、比較的新しい世代はアニメ『月刊少女野崎くん』に於ける鉄塔【図9】を想起するだろう。そして何より新海誠『ほしのこえ』以降の彼のアニメのアイコンでさえあるローアングルの鉄塔や電柱、踏切等【図10】に「新海誠らしさ」を感じとるファンは圧倒的だろう。そしてこれらの「ジブリっぽさ」「新海誠らしさ」は「庵野秀明らしさ」でもあるのは言うまでもない。

更にここに円谷英二「ゴジラ」が何故、鉄塔や送電線とともにカメラによって見上げられる必要があったのか【図11】と思い起こしてもいいだろう。あるいはそれらを破壊する「ゴジラ」は鉄塔の系譜への何らかの「批評」であった可能性さえある。

それにしても一体、これらの戦後アニメのおたく領域の一角に歴然と存在する美学、すなわち鉄塔やそれに類するものを描く様式とは何なのか。と、一応は白々しく問うてみる。

例えばそこに【図12】の如き鉄塔を配置した時、『ジョジョ』はともかくジブリ、岩井、新海のローアングル鉄塔に感じとった詩情とは全く異質の印象を多くの鉄塔ファンは抱き、生理的に拒絶するだろう。

これは「大政翼賛会宣伝部監修　建設漫画会編」と記された冊子『勝利への道―漫画も戦う―』（一九四二、翼賛図書刊行会）に掲載されたプロパガンダまんがである。「長期建設」とはこのビルだか塔の建設が長期に渡るという意味でなく「大東亜共栄圏の建設」、即ち銃後に於ける労働者の「戦争」を意味する戦時体制用語である。「建設」は昭和初頭においてはソビエト社会主義国家の「建設」を連想させる語感があったが、マルクス主義から翼賛体制の推進者に転じたまんが家・加藤悦郎が同書の実質的な編者である。ちなみに彼は戦後、再び共産党に転向する。そう記せば尚更、読者の中に鉄塔の詩情と対極の政治性に顔をしかめる向きもあろう。

しかしこのプロパガンダまんがが一葉を挿入することで『シン・エヴァ』の赤いエッフェル塔はそれが帰属する歴史に初めて正確に接続可能となるといえるのだ。即ち「戦後のまんが・アニメ史」から戦前・戦時下のもう少し広い視覚表現の歴史にこのローアングルのエッフェル塔は遡行し得るのである。

ローアングルの鉄塔の系譜学①

【図3】宮崎駿監督『となりのトトロ』(1988)

【図4】「ツタに包まれるジブリ本社」あきぼうのブログ
https://ameblo.jp/akif4914/image-12642166613-14861718661.html

【図5】ジブリ鉄塔のある風景 「ジブリ」「鉄塔」で検索 (2022/2/20)

【図８】荒木飛呂彦『ジョジョの奇妙な冒険』第４部カラー版15（ジャンプコミックスDIGITAL、1995）

【図７】銀林みのる『鉄塔 武蔵野線』（ソフトバンク、2007）文庫カバー

【図６】岩井俊二監督『リリイ・シュシュのすべて』（2001）宣伝用ポスター

【図10】新海誠監督『ほしのこえ』（2002）

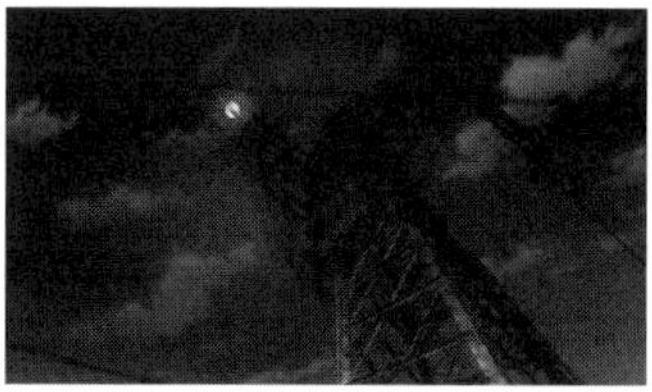

【図９】山﨑みつえ監督『月刊少女野崎くん』（2014）

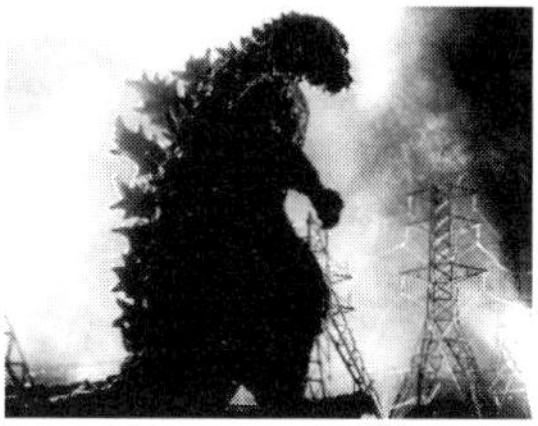

【図11】本多猪四郎監督『ゴジラ』（1954）

【図12】安本亮一「戦はこれからだ」建設漫画会 加藤悦郎編『勝利への道―漫画も戦う―』（翼賛図書刊行会、1942）

このような戦前・戦後へと通底する「歴史」の所在は旧『エヴァンゲリオン』シリーズに於いて綾波レイの包帯をハンス・ベルメールの球体関節人形から、あるいはその綾波の着用するプラグスーツをフリッツ・ラングの映画『メトロポリス』の人造人間から引用することにも見出せるだろう。庵野秀明を含む一九六〇年前後生まれのポピュラーカルチャーの創り手の教養の幅はその程度の広がりはあり、そしてそれらの引用という行為は別に自らの作品がポストモダニズム的な引用の織物であるという宣言でもなければ、芸術への接近による世俗的な権威付けでもなく、彼らの表現が帰属する歴史的文脈にただ素直なだけに他ならない。

本書、あるいは本稿が問題とするのはまさにその歴史的文脈の問題である。それを例えば大仰に「文化運動」と形容した時、まんがやアニメーションのクールジャパン的権威付けと誤読されかねず、そういう大仰な言い方を羞恥することが節度だという矜持は捨てたくはないが、しかし、そこまであからさまに書かないと伝わらない人々がいることも学びはした。無論、その「文化運動」は何かの「宣言」によって導かれていたのではない。いわば「見えない」文化運動である。そのオリジナル（起源）となった様々な運動では雄弁に宣言が語られもしたが、宣言なり名なりの所在はさしたる問題ではない。重要なのは先のアマチュアを含む鉄塔写真の作者たちがむしろ意識されない歴史的記憶に導かれていることだ。

だからそもそも庵野秀明がクルルの写真を見たかどうかは少しも重要ではない。そのことをぼくは確かめる気さえない。それでも少なくともあのポスターや『シン・エヴァ』の映像の目論んだものは、本章で、今ひとまず「映画的」な表現と暫定的に呼ぶ文化的な運動に確実に接続し得るものだ。

本章はその「映画的」なるものをめぐる文化運動のごく一端をデッサンすることで、本書の主題である戦後おたく文化の歴史性とその戦時下、あるいはアヴァンギャルド起源とは一体、どういう問題系なのか、その所在を示すことを目的とする。

2　「映画」的なものをめぐる見えない運動

そのためには「映画的」なる語そのものの考古学的復元とでもいうべき作業が不可欠となる。ぼくはこれまで「映画的」なまんが表現をめぐって多くの文章を書き（大塚、二〇〇三、二〇一〇、二〇一二、二〇一八など）、絵巻を映画的手法のまんが形式にアダプテーションする実験も山本忠宏らとともに行ってきた（大塚・山本、二〇二〇）。この場合の「映画的」とはモンタージュ的、即ち、まんがの一コマを映画の一カットとしてブロッキングサイズやカメラアングル、構図、光源などの諸要素を以て擬態させ、それを「編集」するという手法を意味する。意図してそう厳密に定義して用いてきた。

その「映画的」手法は、一つの神話として手塚治虫が酒井七馬との共著『新宝島』（一九四七）冒頭の見開きで成立したとされてきた。このような定義での映画的手法の発生は習作「勝利の日まで」（一九四五）の終盤近く、少年が機銃掃射に追われて逃げる、後にヒッチコックが『北北西に進路を取れ』（一九五九）の中で示すカット割りを彷彿とさせさえする九コマ【図13】の中にほぼ完成型として達成されていることの検証は繰り返さない（大塚、二〇〇三）。ただし、この九コマのカメラ位置が、全て異なっているという事実には改めて注意を促しておきたい。

他方で、ぼくは手塚に於ける「映画的」なるものをモンタージュに限定して論じてきたわけではなく、その多義性に同時に言及してきた（大塚、二〇一八）。その中で立論のみを行い、放置してきたのが『新宝島』の「描きかえ」をめぐる問題である。

手塚は一九七七年に刊行を開始した全集企画で、当時入手が困難だった『新宝島』の収録を版元が予告したのに対してこれを拒み、替わりに全面的な描き直しによる新版『新宝島』（一九八六）を刊行している。その際、手塚はトキワ荘グループの藤子不二雄Ⓐらによって映画的手法の出自として神話化されていた『新宝島』の冒頭三コマ【図14】を一七コマに書き換えたのである【図15】。それは一見、ただカット数を増やしただけのように見える。しかし後者の描き直し版のコマ運びを「カット割り」ではなく、「中割り」によってその内を埋めることができる一連なりの動画として捉えることはできないのか、というのがぼくの初見の印象だった。この一七コマを手塚が一カットでイメージしていたか否かは別として、手塚がここで映画から再現しようとしたのが果たしてカット割りなのかという疑問だ。

そのことは旧『新宝島』に於いても同様で、そこで手塚が映画からまんがに持ち込もうとしたのは三コマを一七コマに拡大してようやく見えてきた視点の運動の自在さへの欲求ではなかったか、という視覚表現を論じるものとしてはひどく凡庸な発見だ。実を言えばこの一七コマに肥大した『新宝島』冒頭からぼくが咄嗟に思い浮かべたのは、ジガ・ヴェルトフの映画『カメラを持った男』（一九二九）だ。

ヴェルトフの奔放すぎる視点移動からなるこの映画についてはこの章の後段で言及するが、同じ印象は、手塚が新版の二年前に発表した実験アニメーション『ＪＵＭＰＩＮＧ』（一九八四）でも持った。それは新旧『新宝島』と同様に一本の道の中央からカメラが対象を捉え、車が近づくところから始まるが、同時に映像は最初から擬音とともに上下に揺れている。その上下の揺れは次第に大きくなり、道路を右に逸れ、そしてそこにある家屋をアイレベルで一瞬捉えた後、屋根の上に移動する。この間、カット割りはない。即ちカメラがジャンプしているかのようであり、事実、ジャンプする擬音とともに、この後、一カットを維持したままカメラは自由に移動していき、巨大なビル街を真上から捉えさえする。この映像を、少年を主人公とするその視点だ、いや少女だといった類の議論があるが、今、この作品を見て思うのは３Ｄアニメーション、あるいはドローンの映像が可能にしたカメラ位置の徹底した自由度である。

このように現在では新版『新宝島』の冒頭のシークエンスもまた既存の映像イメージを容易に念頭に置くことが可能であり、ドローン的、３Ｄアニメ的なカメラ・アイの自在な変化をイメージしたものとして誰にでも読みとれるだろう。こういったあらゆる角度から巨大な対象、もしくは運動する対象を自由なカメラ位置から描きたいという欲望が戦後のアニメ史や特撮史にしばしば突出してあることは注意していい。例えばアニメーター・金《かな》田《だ》伊功《よしのり》のまんが『バース』のコマ割り【図16】や、『ゴジラ』制作時の絵コンテ【図17】の中に新旧『新宝島』に通底する試行錯誤は見てとることができる。だから３Ｄを徹底的に駆使したカメラ位置の度の過ぎた自由さによって、赤いエッフェル塔をあらゆる角度から映し出すことで始まる『シン・エヴァ』は、この手塚の実験の一つの達成として暫定的にみることは可能だ、とだけまず述べておく。

しかしそれでは、庵野は手塚の『ＪＵＭＰＩＮＧ』の直接の影響下にあるのか。

そして、そもそも手塚は旧版に於いては一コマ一カットのモンタージュ的であった「映画的」なものの定義を新版で改めたのか。

恐らくこの二つの問いはいずれも否である。

ここでも、庵野が『ＪＵＭＰＩＮＧ』を見たか否かは大して問題ではない。同様にヴェルトフを見ていたかどうかも問題ではない。しかし、それでも、この手塚の実験アニメ、そして新版『新宝島』を含めた一つの大袈裟に言えば視覚メディア史的な文脈の中に、赤いエッフェル塔も位置する事実は揺るがない。そして、新旧『新宝島』に於ける「映画的」なるものの再提示の中に、手塚には直接的に見えていた「運動」の所在を確認する手懸かりがある。手塚は映画的なものをめぐる運動を継続し、庵野はその運動の継続の最後尾にいる。

アニメ史、あるいはまんが史、もしくは海外の研究者がその所在を信じて疑わない「おたく文化」史の正しい（無論、皮肉である）記述のためにもその自明のことの確認が必要なのである。

さて、手塚治虫にとって、あるいは手塚を直接的に規定している戦時下の映画理論に於いて、「映画的」という場合、前提となるのは文化映画の存在であるのは言うまでもない。そのこともぼくは繰り返し述べてきた（大塚、二〇一八）。文化映画はプロパガンダとしての啓蒙とは違う次元で、戦時下に狂い咲いた映画美学のあり方である。「文化映画」とは「内容」でなく「方法」と言った方が正確だ。そこを理解の根本に置いて欲しい。そうしないと「文化映画」が少しも理解できないだろう。この文化映画に関連して、手塚の「映画的手法」の完成型としての「勝利の日まで」に於ける映画的な九コマの発生には、長編アニメーション『桃太郎海の神兵』（一九四五、以下、『海の神兵』と表記）を観たことが直接のきっかけとなった可能性をぼくは指摘してきた（大塚、二〇一〇、二〇一八）。「勝利の日まで」の放棄された数頁が『海の神兵』の正確な模倣であることは、二つの作品の影響関係を事実として示している。

その時、問題なのは『海の神兵』に手塚が何を見たのかであるが、それが「文化映画」性であったこともまた繰り返し述べてきた（大塚、二〇一〇、二〇一三、二〇一八）。手塚が一九四五年、リアルタイムで『海の神兵』を見た時の感想が以下の日記に記されていることを、初見の読者のために引用しておく。

物体をあらゆる角度から描く

【図13】手塚治虫「勝利の日まで」『幽霊男／勝利の日まで　手塚治虫　過去と未来のイメージ展別冊図録』（朝日新聞社、1995）

【図14】酒井七馬・手塚治虫『新宝島』(育英出版、1947)

【図15】ドローンなら1カットで表現できる。
手塚治虫『新宝島』(『手塚治虫漫画全集』281、講談社、1986)

【図16】金田伊功『バース』(徳間書店、1983)

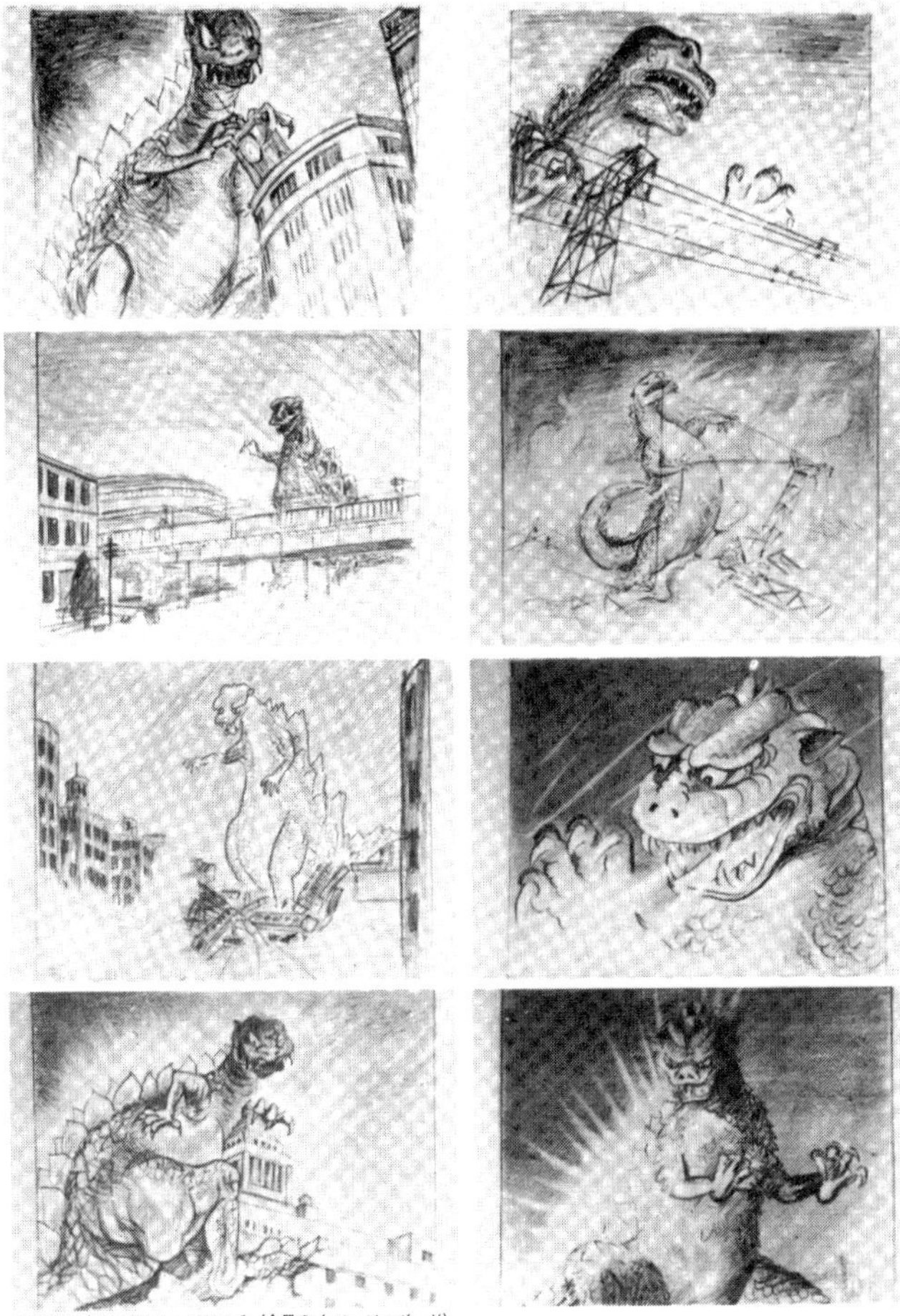

ゴジラのピクトリアル・スケッチ（今日のイメージ・ボード）

【図17】「ゴジラ」絵コンテに示されるあらゆる角度。山本眞吾編『円谷英二の映像世界』（実業之日本社、1983）

四月十二日（木）晴れ　暖かし
（中略）やがてニュースに続いてマンガが始まった。まず第一に感じたことは、この映画が文化映画的要素を多分に取り入れて、戦争物とは言いながら、実に平和な形式をとっている事である。

（中略）

次に感じたことは、マンガが非常に芸術映画化されたことである。即ち、実写のように、物体をあらゆる角度から描いてある。（中略）また映画の筋もこれまでになく判《はつ》きりとしていて、マンガというよりも記録の一種であった。

（手塚、一九四五）


ここで手塚が「モンタージュ」や「カット割り」については言及していないことに何より注意したい。「記録」「芸術映画」といった形容は「文化映画」のいわば属性を示す戦時下のレトリックであるが、強調しているのは「物体をあらゆる角度から描」く、カメラ位置の自由度である。そのことは手塚が考える文化映画的な方法／美学を推察する上で重要である。まずこれらが手塚にとっての文化映画性であると確認したい。

そもそも『海の神兵』がアニメーションとして特異なのは、「アニメ」なる語の起源がアニミズム、つまり生命を与え「動かす」ことにあるという現在の通説とは裏腹に、カメラワークを再現することに動画技術を徹底して用いている点である。上空を前方から飛来し頭上を通過する戦闘機をカメラが追うアングルの変化や、人物や対象物をあたかも小型カメラを持ち回り込むように追うことに、フルアニメーションの動画を用いているのである（大塚、二〇一二）。それは『新宝島』の冒頭同様にアニメーションであれば3D、実写映画であればドローンで今や映像表現に接続されたありふれた技術であるが、『海の神兵』を見た手塚はそれよりはるかに早くその方法と美学の所在に気付いていることにもつながる。

「文化映画」はしばしば非ストーリー様式と呼ばれたが、ストーリー様式の時代劇や喜劇映画などの娯楽作とあからさまに違うのは、カット割りの多様さ、カットごとのカメラアングルの大胆な変化にある。【図18】は「文化映画」と「劇映画」をカットごとに切り出したもので、パテベビーという家庭上映用に再編集された短縮版を用いたが、ほぼ同じカット数であるが故に両者の差異は歴然だろう。

手塚にとって「物体をあらゆる角度から」捉えているというのは、一カット中でカメラワークで対象を追う場合と、カットごとに「角度」が変化することの二つが考えられる。無論、両者は不可分であるが、「勝利の日まで」の九コマは後者の「角度」の大胆な切り換えの実験として見てとれることになる。

戦時下、後者の「一カット」単位のモンタージュを「映画的」と呼び、その方法を他領域に援用する際、「映画的」表現と形容されてきたことはすでに論じたことがある（大塚、二〇一八）。事実として多くの場合、「映画的」は「モンタージュ的」と同義に使われてきた。しかし、前者、後者の意味を包括する「映画的」という概念や語法は、手塚の言説の基礎となった戦時下の映画理論の中に果たしてあったのか。あったとすれば、いかにして形成され、そしてそれはいかにして手塚少年に届いたのか。そこは明らかにする必要がある。

ここで改めて注意を促しておきたいのは敗戦の時点、そして戦後に於ける手塚の映画理論的教養である。具体的には、「文化映画」性を『海の神兵』に見る正確な批評性や、その文脈に於いての「記録」「芸術」といった類の使用の正確さ、戦後手塚のまんがで表現が「ストーリーマンガ」と呼ばれた時の「ストーリー」の語、あるいはまんが記号説に於けるロジックや「記号」という語の出自などで、これらがことごとく戦時下の映画理論や映画評論の言説に準拠することは繰り返さない（大塚、二〇〇九、二〇一八）。しかし、それらの「教養」は戦時下、文化工作、あるいはもっとあからさまにプロパガンダ理論として採用された映画理論に、手塚という早熟な少年が何らかの形で触れていたからで、しかしその点において手塚は決して特殊ではない。

ここで総論的になるが手塚の「戦後」の表現が、戦時下の文化工作的な表現といかに地続きであるか、改めて整理しておくことは無駄ではないだろう。それはこれまで繰り返し幾度も論じてきた手塚論の更なる繰り返しとなるが、手塚の戦時表現の方法と美学は戦時下の文化工作の方法のそれに大きく準拠していると言って過言ではない。しかしそれは、手塚の表現が一貫してプロパガンダ的だという意味ではない。戦時下の文化工作はプロパガンダとしての文化映

文化映画様式と劇映画様式

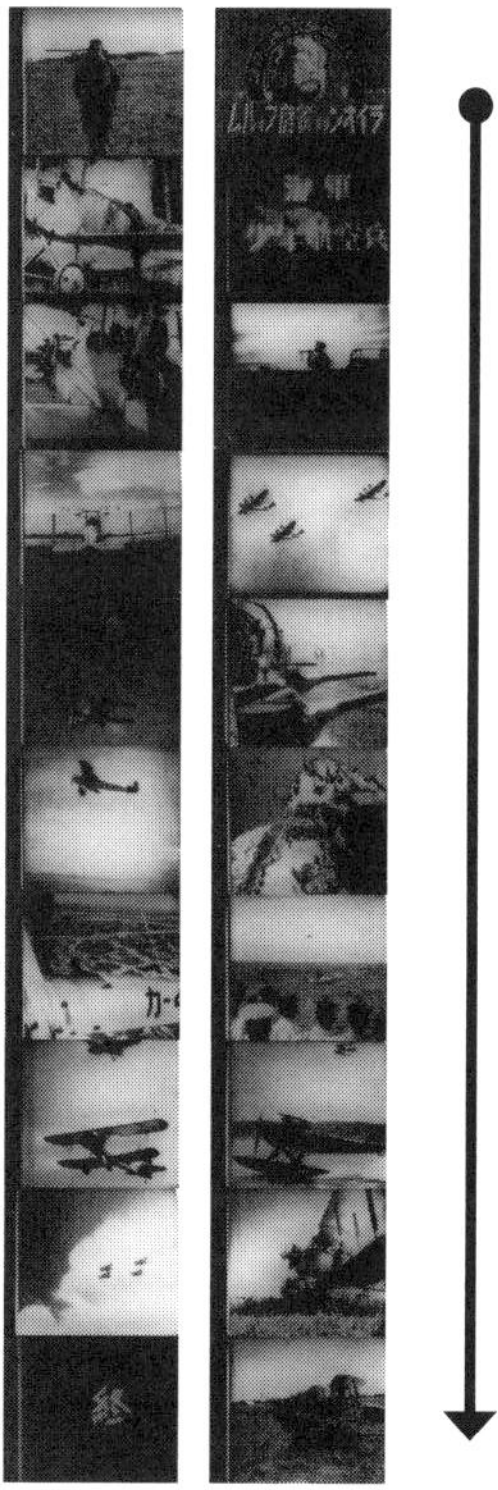

【図18-2】文化映画『海軍少年航空兵』のパテベビー版（ライオン印家庭フヰルム）ブロッキングサイズ、カメラアングルが大胆に変化する。

【図18-1】瀧村和男製作劇映画『ロッパの大久保彦左衛門』(1939) のパテベビー版（ライオンフヰルム）アイレベルのフルショットが中心。

画などの視覚表現を大量に生産しながら、それは同時に大正新興美術運動から一連なりの文化運動でもあった。手塚はその方法や美学の一部を戦時下に受容し、戦後に持ち越した点でその運動の延長上にあると位置付けられるだろう。その時、重要なのは手塚がそのことに相応に自覚的であったことだ。

例えば手塚は自身のデビュー作が大政翼賛会が戦時下主導した参加型メディアミックス「翼賛一家」だったと一時期、公言していた（桜井、二〇一五）。手塚が言及したデビュー作の存在が研究者によって確認されていないため正式の経歴にはないが、ある記事には、こう記されてもいる。

> 「学生時代絵本の桃太郎を書く（戦時中大政翼賛会推せん）漫画処女作品は昭和二十一年小学生新聞発表の「まあちゃんの日記」である」
>
> （貸本新聞編集部、一九五八）

これに関しては、後に手塚は自身がアマチュアとしても「翼賛一家」のいわゆる「二次創作」を行っていたこと（大塚、二〇一八）を習作「勝利の日まで」を公開し、自らそう言及しないにしても確認できるようにしている。その「勝利の日まで」は、この時点で手塚が触れえた様々なプロパガンダ表現の「引用の織物」とでもいうべき作品であるという点で特徴的でもある（大塚、二〇二二）。この習作は既に言及した海軍省の支援で制作されたアニメ『桃太郎　海の神兵』だけでなく、同名の喜劇映画『勝利の日まで』（成瀬巳喜男、一九四四）、同名の情報局監修の文化映画『勝利の日まで』（一九四四）、及びその他の文化映画、出版物等での焼夷弾等への防空マニュアルなどの引用からなるが、それらの作品に対し同様に批評的でもある（大塚、二〇一八）。「マンガ学」的には、昭和前期のキャラクター総動員に目がいくようだが、このオールスター的趣向は成瀬版『勝利の日まで』が人気喜劇俳優陣総動員であることの方法論的援用である。こういったキャラクター総動員は日本に限らず連合国側にも共通のプロパガンダの手法で、そのことは戦時下の映画論で指摘もされている（今村、一九四二）。

つまり私家版「勝利の日まで」そのものが当時の文脈に照らし合わせれば、手塚少年手製のあからさまな「プロパガンダまんが」であり、そこにはプロパガンダの方法意識に準拠しているということになる。その意味で戦時下手塚が書きためた、他のストーリーまんがの習作とは性格を異にする。文化映画とは即ちプロパガンダ映画であったから、プロパガンダまんがへのメタ的習作としての「勝利の日まで」が文化映画的な方法を導入するのはむしろ自然だと言える。しかし文化工作からの引用が、イデオロギーではなく方法論という工学的側面に集中し（無論、そのことを以て文化工作者を擁護するロジックとするものではない）、結果として「映画的」手法を発生させてもいる。その成果がまさに文化工作それ自体が文化運動的であることの証左でもあるのだが。

その手塚は「戦後」に於いても運動としての文化映画を相応に意識して継承しようとしていた節がある。例えば『罪と罰』(一九五三)に於ける、村山知義の構成主義的舞台の流れを汲む河野國夫の舞台装置の作中への引用【図19】や(大塚、二〇一〇)、TVアニメ「鉄腕アトム」(一九六三)の企画に於いて当時、記録映画の現場にあり戦時下の記録映画研究に着手しつつあった無名の牧野守をシナリオに起用、その残された草稿から第一話の冒頭が、チャペックの『R．U．R．』的な労働者としてのロボットのサボタージュから始めるよう手塚の指示があること(大塚、二〇一七)【図20】などからも具体的に確認できる。

また手塚が好んで用いた「科学」という主題や、アニメ「アトム」に於けるフリッツ・ラング『メトロポリス』(一九二七)の引用なども含め、こういった一連の事実の積み重ねによって手塚が自身の戦後表現の方法論が、戦時下の文化工作、及びその基調としてあった機械芸術論や前史としての大正新興美術運動との連なりを隠していないことは気付かれてしかるべきだ(大塚、二〇一八)。

このように驚くべきことなのだが、手塚は歴史を隠蔽していない。手塚が一方的にまんがやアニメの評論家に向けた冷笑の背景の一つがここにある。戦後の「まんが史」や「アニメ史」を、研究する側がその文脈を見失っただけなのである。

そういった広義の文化運動に於ける一つの主題が「映画的」という概念の方法化とその表現に於ける実践である。

手塚治虫と構成主義的舞台

【図19-2】手塚における構成主義舞台装置の引用。ドストエフスキイ作／手塚治虫画『罪と罰』(東光堂、1953)

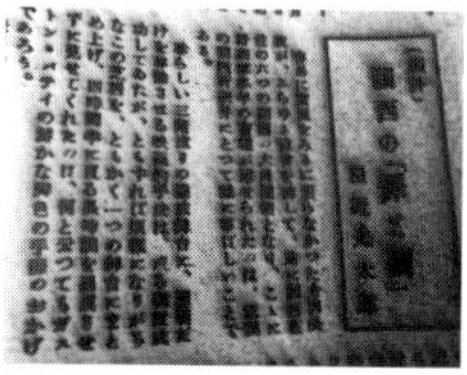

【図19-1】手塚が出演した舞台か？ 「罪と罰」田近光太郎「関西の「罪と罰」」『新劇』1948年3月1日

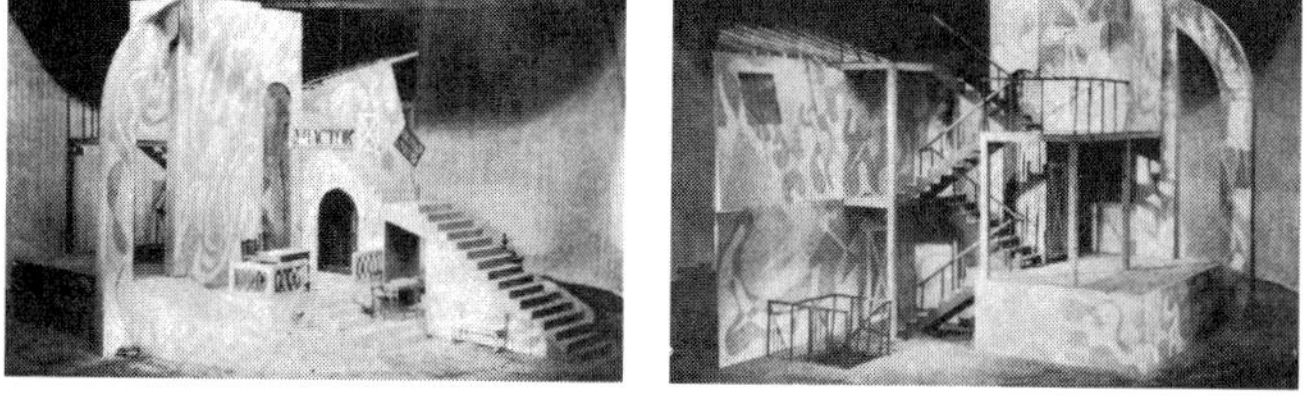

【図19-3】手塚の参照した舞台装置。演劇映画アカデミー編「構成主義的表現による「罪と罰」の舞台装置　河野國夫先生作」『演劇映画講座　第２』(芸術学院、1951)

アニメ「鉄腕アトム」幻の第一話シナリオ

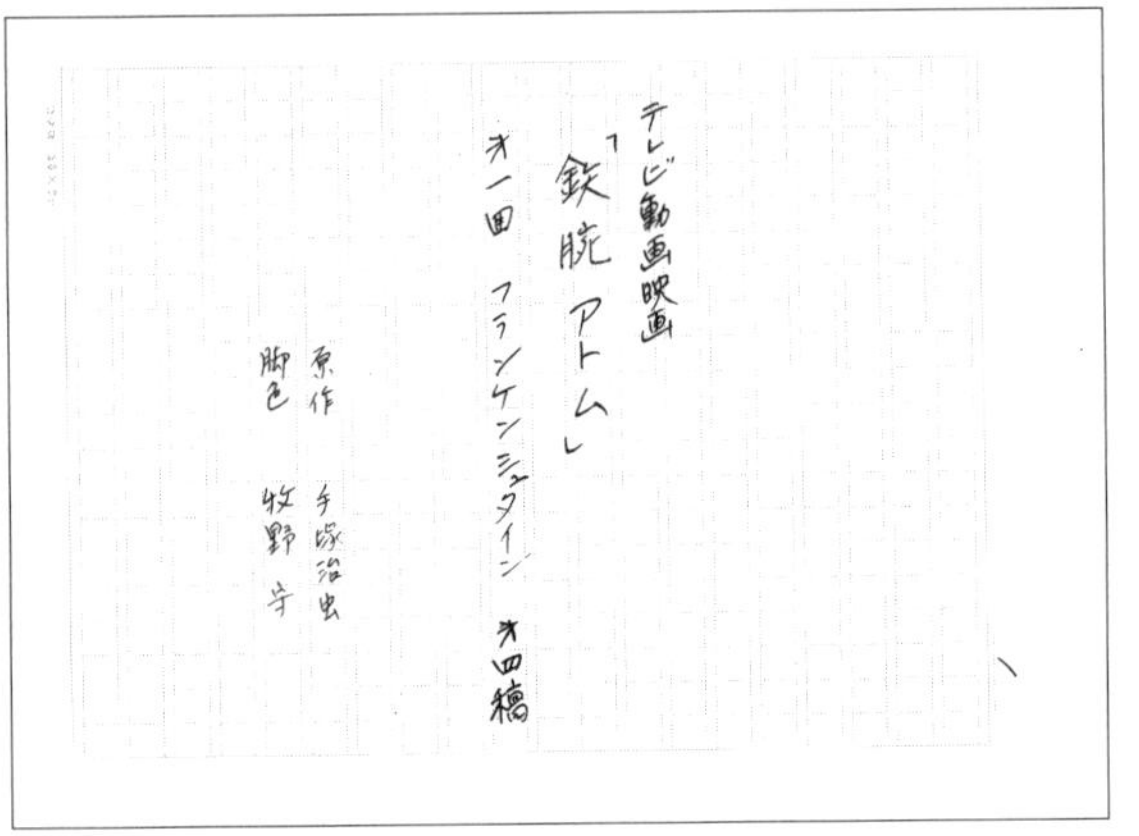
テレビ動画映画
「鉄腕アトム」
オ一回　フランケンシュタイン　オ四稿
原作　手塚治虫
脚色　牧野守

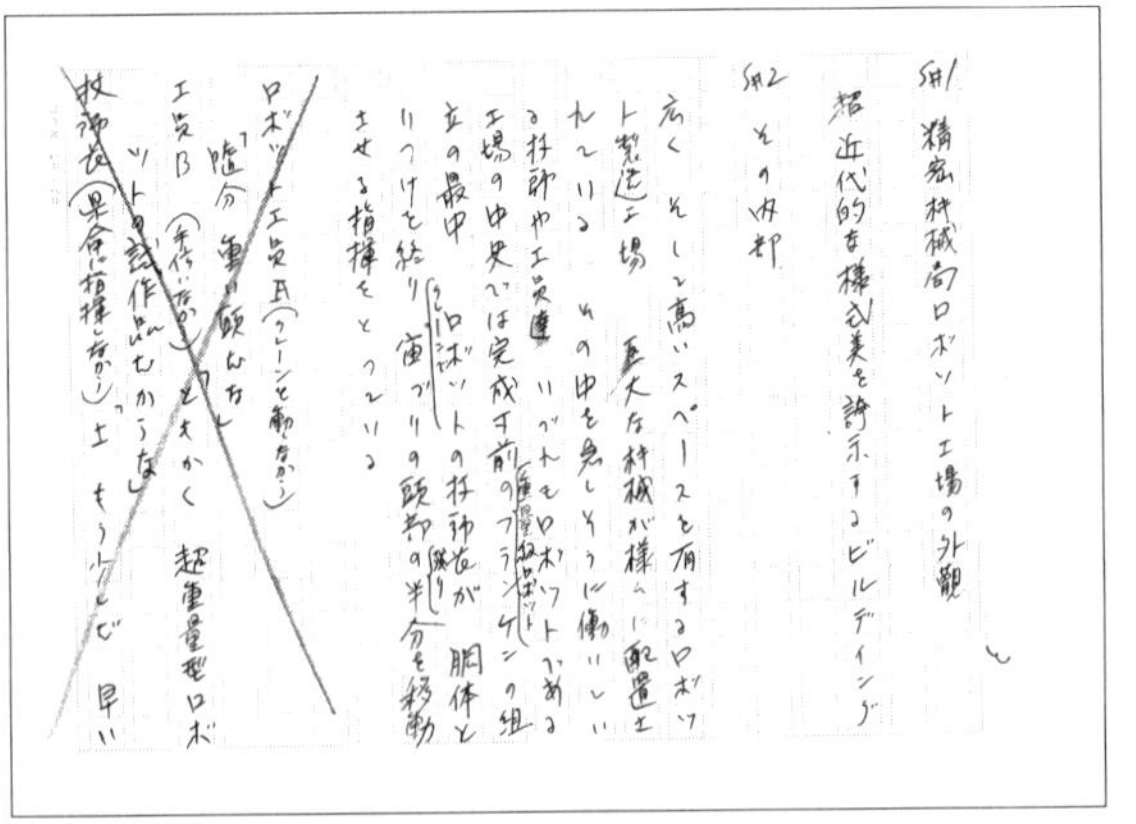
S#1　精密機械局ロボット工場の外観
超近代的な様式美を誇示するビルディング
S#2　その内部
広く　そして高いスペースを有するロボット製造工場　巨大な機械が様々に配置されている　その中を忙しそうに働いている技師や工員達　いずれもロボットである
工場の中央では完成寸前の重量級ロボットフランケンの組立の最中　ロボットの技師長が取りつけを終り　宙づりの頭部の半分を移動させる指揮をとっている
ロボット工員A（クレーンを動かしながら）
「随分重い頭だな」
工員B（作業をしながら）「とにかく　超重量型ロボットの試作品だからな」
技師長（工員に指揮しながら）「もう少しで　早い」

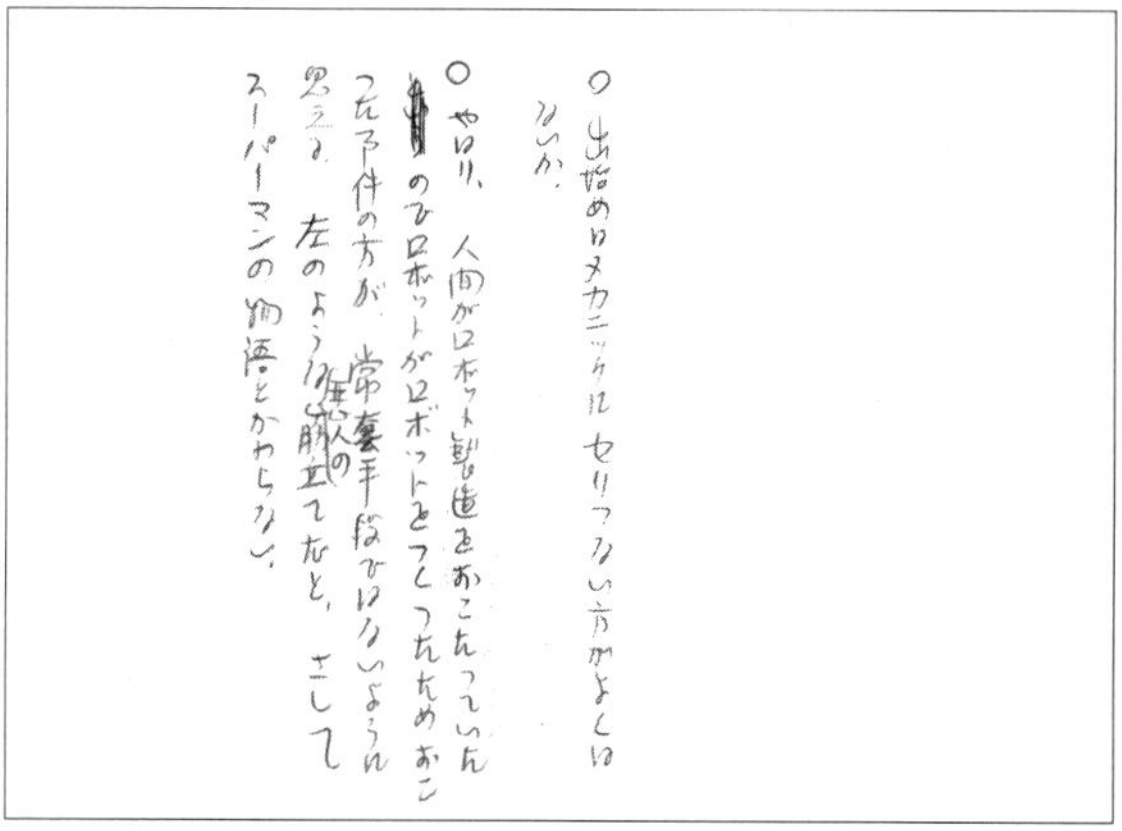

○出始めはメカニックルセリフない方がよくはないか。

○やはり、人間がロボット製造をおこなっていたのでロボットがロボットをつくっていたためおこった事件の方が、常套手段ではないように思える。左のような無人の前立てだと、まして
スーパーマンの物語とかわらない。

【図20】手塚治虫原作・牧野守脚本、テレビ動画映画「鉄腕アトム」第一回「フランケンシュタイン」第四稿と裏面の手塚の修正指示(上)。記録映画監督牧野守が執筆。「悪人」の仕業でなく労働者のサボタージュを事件の発端とするように手塚が要求。(牧野守氏提供)

手塚にとって「映画的」とは既に示唆したように多様な意味を持っていた。そしてそれは戦時下の「映画的」なる語の語法に呼応している。戦後に手塚が発表した『罪と罰』は「ストーリー」様式のまんがを『罪と罰』で実践する時点で文化映画的、即ち非ストーリー様式的な方法で表現すべき「ストーリー」とは何かという戦時下の議論の延長にあるし、狭義の「映画的」手法、即ちカットの編集を駆使した部分でも、陰影を強調する表現主義の映画を同時に彷彿とさせ、構成主義的な舞台装置やディズニーの短編アニメシリーズ「シリー・シンフォニー」的な擬人化なども戦時下の「先端」に位置した表現を多数引用している。クライマックスの「群衆」シーン【図21】もまた萩原恭次郎『死刑宣告』(一九二五)に於ける「ラスコーリニコフ」で「群衆」のタイポグラフィーが繰り返されること【図22】と無縁でない。手塚のいわゆるまんが記号説がエイゼンシュテインのモンタージュ論のロジックと技術の援用であり、つまりはまんがの絵を手塚はモンタージュとして説明もした(手塚、一九七九)。これら一つ一つを詳細に掘り下げていくことはもはやしないが、それらの出自は文化工作的表現の中で狂い咲いた戦時下のアヴァンギャルドとその前史に他ならない。

その時、手塚のまんがが「映画」の理論に接近するのは昭和初頭、恐らくは一九三〇年代、視覚表現を中心にその様式が映画理論によって再構成・再解釈されていくという流れがあるからだ。そのわかり易い例として、加太こうじが彼の紙芝居の方法をソビエトの映画理論の援用でつくり上げたという回想(加太、一九七九)をしばしば引き合いに出してきたが、同様の例と

「罪と罰」と群衆

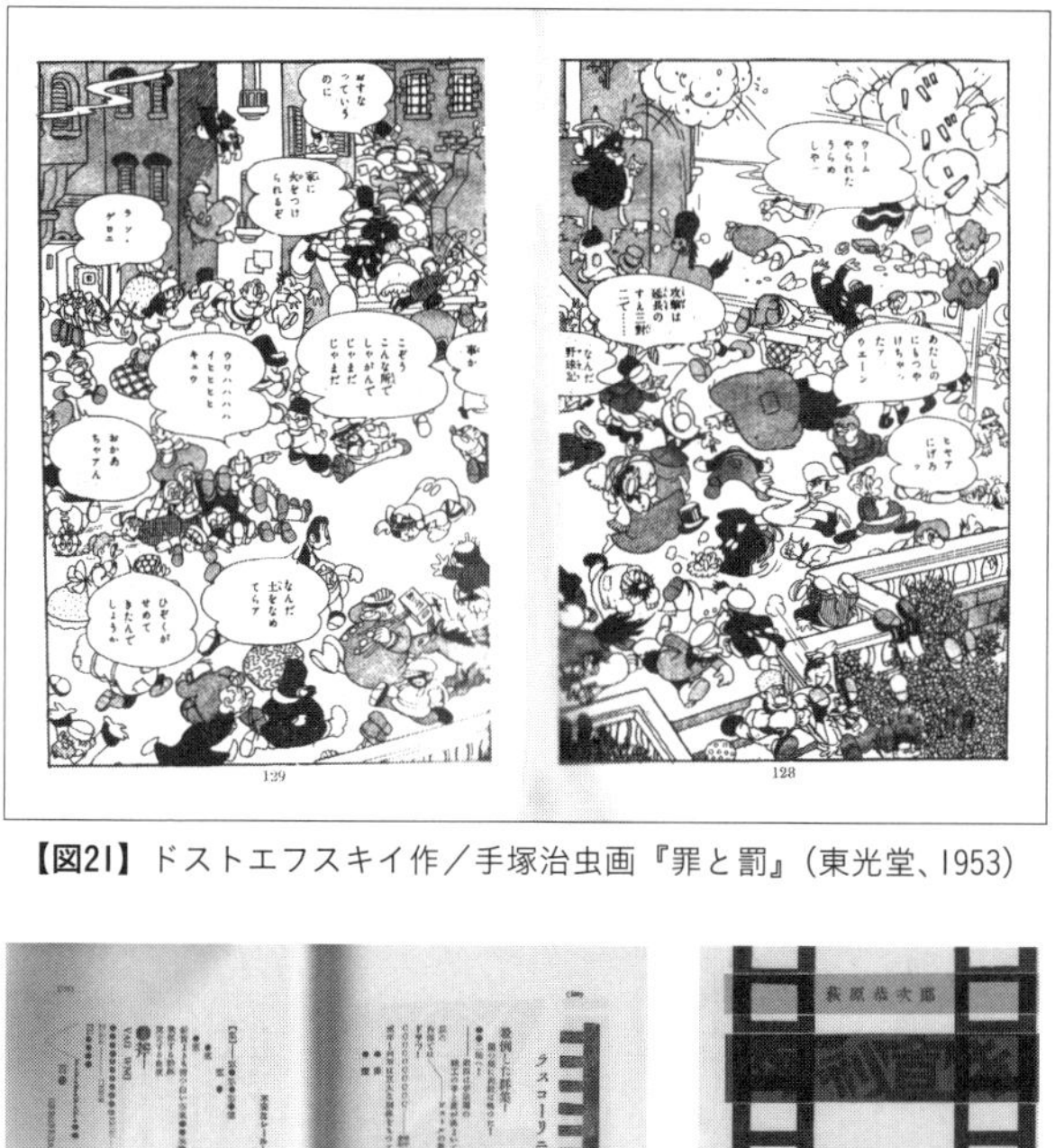

【図21】 ドストエフスキイ作／手塚治虫画『罪と罰』（東光堂、1953）

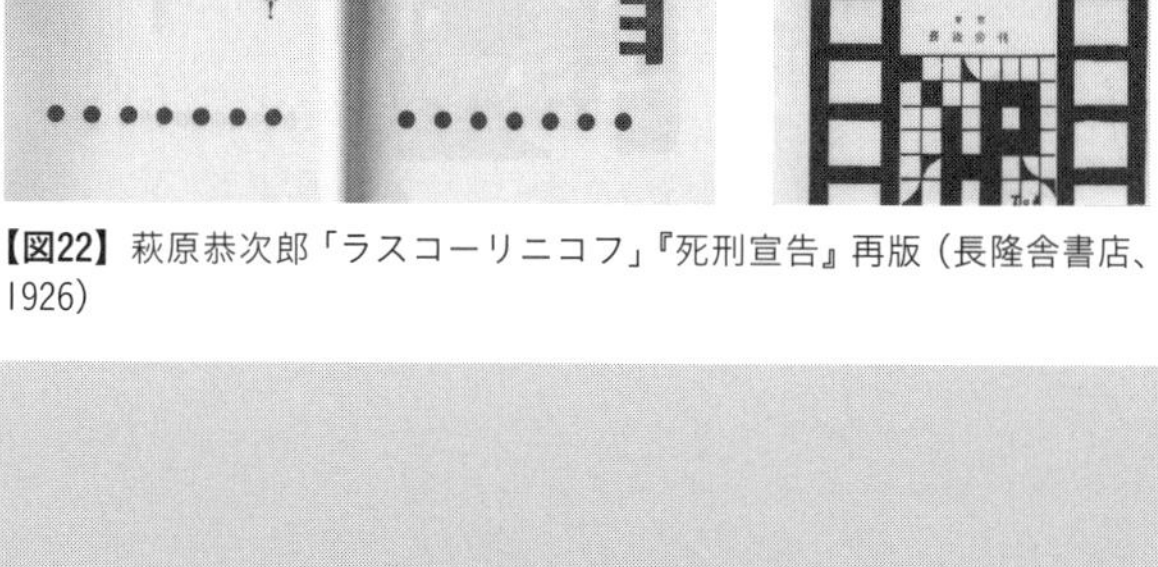

【図22】 萩原恭次郎「ラスコーリニコフ」『死刑宣告』再版（長隆舎書店、1926）

しては日本工房や東方社で対外文化工作のグラフ誌のデザイナーであった原弘が東京府立工芸学校時代、そもそもレイアウトの語さえなかった時代、その概念を映画理論から得たことを短くだが述懐していることも挙げられよう。

当時から〈キネマ旬報〉の熱心な読者で、ぼくなどは文字通り映画とともに育った世代ということであきるだろう。ずっと後のことになるが、レイアウトの理論書など全くなかったその頃、エイゼンシュテインやプドフキンの映画モンタージュ論から、どれだけ多くのレイアウト理論を学んだことか。

（原、一九七〇）

このような映画理論の他領域への応用がリアルタイムで実感されていたことを踏まえれば、加太から手塚に至る映画理論の「応用」の流れは特殊なことではないとわかる。つまり「映画的」とは漠然と「映画を彷彿とさせる」表現ではなく、一つ一つは稚拙であり、末端の大衆文化や素人の少年の大学ノートの上での出来事であったとしても、それは「理論」の「実践」であった。ぼくが美術史の専門家から失笑を覚悟で戦時下の文化工作及びそれを準備した者たち、あるいはそのエピゴーネンも含め「運動」と呼ぶのはこの理論の実践という部分に於いてである。このような「運動」の広範な担い手を「後衛」と呼ぶなら、本書は、そしてぼくが記述したいと最終的に願うのは、「後衛の文化史」に他ならない。

3　板垣鷹穂の「映画的」手法

ローアングルの鉄塔という表象がいついかにして日本に持ち込まれたかについては新興写真運動の文脈が必要だが、そこから映画へと飛躍する理論を組み立てたのは板垣鷹穂の『機械と芸術との交流』（一九二九）【図23】であろう。同書には八幡鉄工所のクレーンや黄河を横断する大鉄橋に言及することで日本ファシズム化に於けるローアングルの鉄塔のローカライズを周到に用意している。機械への賛美や運動への賛美は未来派やあるいはトロツキーの「機械のロマンティズム」にあり、それはあらかじめ戦争の賛美やファシズム的なものとの整合は高く持つが、板垣の唱える機械芸術論は大正新興芸術運動やプロ・キノ、新興写真といった「戦前」のアヴァンギャルドを戦時下のアヴァンギャルドに変節というより、ひどく自然な動線を描くというのがぼくの印象である。

それはともかく同書の口絵の中ではローアングルの塔の写真が「仰角的透視の効果を求める写真」としてジガ・ヴェルトフ『カメラを持った男』の変化するカメラアングルとともにロシア・アヴァンギャルド的なローアングル写真の提示によって視覚化され、その戦前戦時下の文脈の大枠が示される【図24】。そこで機械芸術論における「機械のロマンティズム」から社会主義リアリズム的な日常生活の記録や生産のための機械という「機械のリアリズム」への転換が主張され、戦時の総力戦的体制や全体主義へのソフトランディングが可能な議論として展開可能となる。ぼくの議論はこの枠組に包摂される。

それでは映画理論の援用を踏まえた上でその方法を「映画的」と形容した言い方はいつから始まるのか。

一般名詞的な「映画的」でなく映画理論の援用がもたらす美学を他領域で援用する際にそれを「映画的」と名付けた例の一つが『機械と芸術との交流』を受けて制作された、板垣鷹穂と堀野正雄の『優秀船の芸術社会学的分析』（一九三〇、天人社）【図25】である。板垣はそこで「映画的」な写真を具体的な「方法」として提示、かつ、堀野の写真の撮影によって実践するという仮説実験を行っている。こういった理論的仮説と実作による検証は戦時下の応用工学的アヴァンギャルドの特徴であるが、その前史に於いてもかなり緻密になされている。そういう「実験」の先駆として同書は位置付けられる。それはソビエトの映画史に於いて勇ましい宣言と実践との間にそれを繋ぎ検証可能にする理科系の実験記録ノートの如き記録が様々に残されていることの踏襲でもあるのだが、板垣と堀野は同書でその手間を怠っていない。板垣は村山知義らの大正新興芸術運動を十五年戦争下、機械芸術論という戦時下の国家主義的なアヴァンギャルドへと変換させた中心人物の一人だが、その初期に於いて堀野正雄ら実作者に働きかけ、創作上の仮説実験を試みている点で特徴的である。

『優秀船の芸術』は巨大客船を後期資本主義の文化的アイコンと見なし、「独裁的」な資本家

「仰角的透視」写真から映画『カメラを持った男』へ

【図24】「仰角的透視」写真からジガ・ヴェルトフ『カメラを持った男』へとローアングルの建造物の系譜が示される。板垣鷹穂『機械と芸術との交流』（岩波書店、1929）

【図23】板垣鷹穂『機械と芸術との交流』（岩波書店、1929）

【図25】堀野正雄、板垣鷹穂『優秀船の芸術社会学的分析』（天人社、1930）

が提供する、「ブルジョワの消費者を対象とする」ところの「消費機関」と定義する。その書きぶりはマルクス主義的と言えなくはないが「消費機関としての優秀船はその需要手段を選ばない」、そして「然し機械的技術は合目的的形態を創造する」という、グラビア頁に敢えて一頁を用いたタイポグラフィーによって明示したテーゼが示すように、板垣が描こうとするものはイデオロギーに関わりなく「合目的的」である工学的な芸術理論であるとわかる。その機械が可能にする美が機械芸術論という「工学」である以上、それを達成し得るためにいかなるイデオロギーの陣営に帰属するかは殆ど無意味なのである。それ故、巨大建造物や機械は資本主義への批判的な表象から、全体主義的な国家・国力の表象へと方法論を含め丸ごと容易に転じ得るのである。

それでは同書に於ける「映画的」とはどのような美学と方法を言うのか。

板垣はまず「優秀船の性格」を「視覚的形態」と「機能」の二点から定義する。板垣の実験ノートと言うべき記録から引用する。

一、マテリアル——金属材料、及び、塗料——の感覚的魅力として
二、構成的形態として　または、明快なる形態として
三、量的効果として

審美性を持つものである。
　機械的建造物の機能は
一、その運動として
二、その運動を暗示する形態として
感覚的に理解することが出来る。
（板垣、一九三〇）

そして、それを捕捉し得る視覚的表現として絵画、写真、映画を掲げ、まず「絵画」はこの「運動」という「優秀船」の核の部分を「暗示」しかできないと退ける。ここで未来派の絵画について触れる余裕はないが、U・ボッチョーニの『街頭が家に入る』（一九一一）『立ち上がる都市』（一九一〇）やL・ルッソロの『反乱』（一九一一〜一二）などの「全力で動き変型している」都市空間を巡る試みにおいては、前者【図26】は『シン・エヴァ』の冒頭で折りたたまれたパリが復興する様やエヴァ＝建造物の闘争を彷彿とさせるし、後者【図27】は鋭角の運動への大胆な絵画的接近としてある。絵画でいえば立体派のロベール・ドローネーによる『赤いエッフェル塔』（一九一一）が赤色のエッフェル塔をキュビズム的に多角な視点から捉えようとしていて『シン・エヴァ』的でもある。板垣は恐らくこれらの絵画を最低限、念頭に置き、この議論をしているはずだ。

対して映画は以下のような「表現方法」によって、それが可能な「唯一の芸術」だとする。

映画は――

一、機械的建造物の運動を――その豊富なる表現方法によって――視覚的に描写し得る唯一の芸術であり
二、機械的建造物の「巨大さ」や「複雑さ」をも自由に描写し得る唯一の芸術である。
三、然し、映画の特質である「動くこと」は、同時に、この芸術を「動かなければならぬもの」に制限している。

（板垣、一九三〇）

ここで板垣が、映画表現に於いて「優秀船」を表現するには「動く」物体の運動ではなく、カメラが「動かなければならないもの」と促していることに注意したい。この反転は後述する『カメラを持った男』の身体のあり方を当然だが、示唆する。それによってこのような映画の方法を写真が援用することで同様に可能になる。「映画的」とはやはりヴェルトフ的である、ということになる。つまり板垣はここで「映画的」な写真の方法的仮説を提示しているのだ。
その上で、板垣は以下の具体的な「撮影目標」を示す。

一、外観の全体的効果を、横縦のアングルのパースペクティーブによって表現すること（航空機による俯瞰撮影も興味がある）

未来派絵画と変形する都市

【図26-1】Umberto Boccioni, The Street Enters the House (1911)

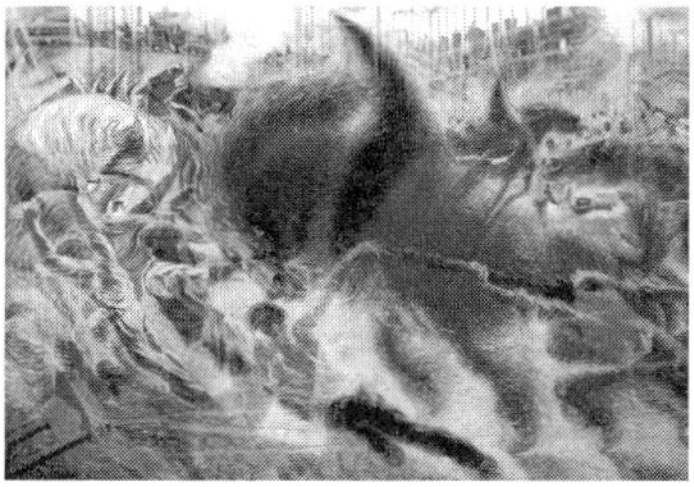

【図26-2】Umberto Boccioni, The City Rises (1910)

【図27】Luigi Russolo, La Rivolta (1911)

二、部分的に、建築的効果を表現すること（例えば、ブリッジの撮影）
三、部分的に、構成的効果を表現すること（例えば、煙突とヴェンティレーターの組み合わせ、又は、マストの撮影）（板垣、一九三〇）

これは一つにはカメラアングルの「横縦」の変化によるパースペクティブ、もう一つはパーツが表現し得る「建築的」「構成的」の双方の方法論で、機械的な美を写しとるべきだ、という主張である。「映画的」手法が捉えるべき「美」の具体的な提示である、と言って差しつかえないだろう。

これらは板垣・堀野が何故、「鉄骨」の骨組みの「構内」をローアングルから撮影したクルルらを参照したのかの理由になっている。

その板垣が『優秀船の芸術』に示したこのような方法を「映画的」と直接的に形容したのは同書にも収録された「大建造物の映画的表現——主として船舶の撮影に就いて——」（板垣、一九三〇）に於いてである。

そこでは、問いは「視覚的に巨大な建造物の性格描写を、視覚的な芸術によって行うと云うこと——それは如何にして可能であろうか?」（板垣、一九三〇）と議論を整理する一方で、「巨大な建造物の大きさ」を描くための「映画」の表現能力を掲げている。この映画がいわば「映画的」芸術であるために「巨大な建造物の大きさ」を必要とするという倒錯は、円谷英二から庵野秀明に至る「特撮」が何故、巨大な怪獣やロボットの類を必要としたかという問いへの図らずもの答えとなっている。そしてその表現能力として以下が確認される。

写真よりも遥かに表現能力の豊富な映画は――

一、カメラ・アングルの技法
二、横縦の移動撮影
三、特殊なモンタージュ
　etc、etc

……等によって、いくらでも「大きさ」を表現することが可能な筈である。（板垣、一九三〇）

ここでは「モンタージュ」という映画用語が使われる。しかし、この短い一文から確実に読みとれるのは「映画的」とは「あらゆる角度から物体を描き」それを「編集」することに他ならない。そういう方法が巨大な塔や鉄橋や船を、あるいはゴジラやウルトラマンやエヴァンゲリオンを「映画的」にとらえ得るのである。

板垣はこの小文に於いては「映画的」という語を実は題名にしか用いていない。しかし、引用の一文では映画に於けるこの手法の具体例としていくつかの映像が「クローズアップ」などの映画用語やエイゼンシュテインなどの名とともに言及されている。言及された一連の映画のシークエンスからの連想によって「映画的」なる写真の方法は読者にも正確に印象付けられる。しかし、この時、板垣が「映画」の中でも特にどのような分野を、念頭に置いて議論していたかは以下に示されている。

映画技法は――注意深く扱われる限り――巨大な建造物の性格描写に最も適当である。ニュース映画、及び、文化映画が、この点を考慮すべきは云うまでもない。

（板垣、一九三〇）

既に注意を促したように、ニュース映画、文化映画はその政治的メッセージや啓蒙の「内容」ではなく、もっぱらその方法論としてのみ今回のぼくの本の中では参照される。何故なら文化映画は「方法」そのものだからである。その点で『海の神兵』に対して手塚が見出した「文化工作」性と同質なのである。彼らは「文化映画」性を一様に映像の美学や方法論として捉えている。これは「文化映画」そのものが戦時下において「運動」であったことを意味する、ともいえる。

しかしここで文化映画に敏感であった手塚はともかく、円谷英二の特撮や「鉄塔」をあるいは円谷経由で受容した可能性も少なからずある庵野秀明との直接的な系譜の糸が途切れた、と思う者もいるかもしれないが、改めて註釈しておきたいのは「特撮」は「文化映画」から隣接的に派生したことだ。

円谷が元々映画人でなく飛行機乗りの志願者であったことは広く知られるが、それは確実に円谷の「方法」と結びついている。円谷が東宝の東京撮影所特殊技術課課長を任じられた時、その上司は東宝そして中華電映で文化工作用の文化映画を手がける松崎啓次であった。その円谷が特殊技術を本格的に駆使した『海軍爆撃隊』（一九四〇）は元々は文化映画、つまり記録映画として企画されていた。事実、企画は東宝の文化映画部で立てられている。そしてこの映画の撮影に亀井文夫の文化映画のカメラマンとして知られる三木茂が参加していることも注意しなくてはいけない。

重要なのはミニチュアや合成が記録映画・文化映画に於けるミニチュアのリアリティでなく、空間の構成を再現するためにあった、ということだ。それは今、問題にしている、ローアングルやあらゆる角度からの撮影とそのモンタージュに留まらない。重要なのは「特撮」が「文化映画の方法」の映画への「実装」の手段であったことだ。例えば松崎啓次が上海でともに偽装中国映画作りを行い、中華電映では文化映画部門をとり仕切った劉吶鷗が暗殺されたことに憤り、松崎はその追悼映画として『上海の月』を制作するが、この時、上海の街をミニチュアで再現してみせたのが円谷であった。ちなみにこの劉はジガ『カメラを持った男』を模したドキュメンタリー『持撮影機的男人』（一九三三）を完成させていた。円谷の映画人としての人脈は「文化映画」の側にあった。

その円谷が映画に「実装」させようとした文化映画性の中に「強遠近法模型」がある。これは建造物の街並みそのものを変型させてしまう、つまり視覚を鋭角化させるために空間そのものを歪めてしまう手法である。この手法は成田亨も得意とした【図28】。手前に対象物を置き、遠景をぼかし、レイヤー化することで遠近を更に強調するのだが、このようなレイヤー化した映画もまたロシア・アヴァンギャルド的な美学であり、文化映画やプロパガンダ写真に於いて特徴的に見られる。アニメーションでは『海の神兵』でマルチプレーンを用い、手前から奥のセルと背景を重層的に撮影することで『FRONT』などの報道写真では写真の切り張りによって「実装」されたが、円谷もまた例えばミニチュアの飛行機を大小とつくり、いわば三次元のレイヤー空間をつくり出している【図29】。

無論、そうやって撮影されたカットのモンタージュこそ円谷の「特撮」の映画への「実装」の本質だった。

例えば阿部豊監督『南海の花束』（一九四二）についてこう述べている。

　そこで私は監督の同意を得てこのシーン全部のコンテを組み上げた。例えば〈油圧によってパイプがはずれ、オイルが漏れるカット〉とか〈乗組員がパイプの修理をしている間に次第に高度計が低下するカット〉或いは〈高度計と反対に上昇するオイル計のカット〉〈零にまで落ちる高度計のカット〉〈あっという間に海水が前面のガラス窓にかぶって来るカッ

特撮技術と空間の変形

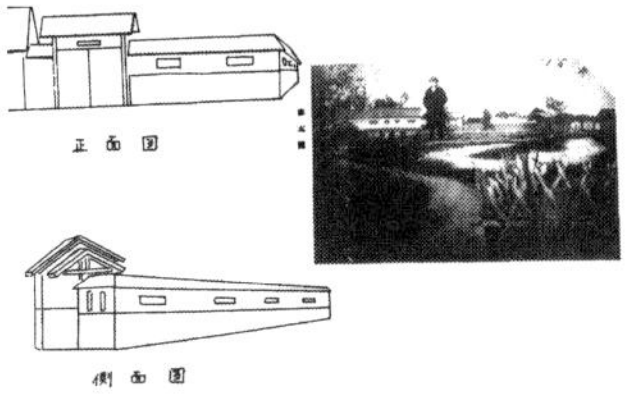

【図28-1】側面を見ると建物に傾斜がつけられ正面からの遠近が捏造されている。円谷英二著／竹内博編『定本　円谷英二随筆評論集成』（ワイズ出版、2010）

【図28-2】手前にオブジェを置き画面をレイヤー化する「強遠近法模型」成田亨『成田亨の特撮美術』（羽鳥書店、2015）

【図29】模型飛行機のレイヤー。山本眞吾編『円谷英二の映像世界』（実業之日本社、1983）

ト〉等々、専らサスペンスとスリルのムードを狙ったコンテを作った。又最後に近いシーンで、四発の飛行機が遭難する所があるが、此処も加筆構成しなければならなかった。このシーンは劇の構成上非常に重要な所であるにもかかわらず、なんら遭難の原因が明示されていない。シナリオでは操縦者は非常に老猾な人になっているので飛行機の故障にするか、それとも悪天候に依って遭難するか、このどちらかを選ぶ事が、結局天候の原因を採って、〈黒雲の湧くカット〉〈物凄いスピードで流れる暗雲〉〈その中を突破する飛行機〉〈閃く稲妻〉〈海中に落下して水柱を上げる落雷〉〈落雷を避けつつ飛翔する飛行機〉〈遂に触雷して空中に分解する翼の末端、発火する発動機〉といった具合に構成した。今後はこの方法で普通撮影し特殊撮影のランド・マークを画然とさせ、演出・撮影・特殊技術の三者がより緊密な連携を保ちつつ各自の仕事に万全を期し度いと思っている。そして、将来は日本にも特殊技術に於ける演出家つまりコンテ専門に作る人が現れて来る事を期待する。（北條、一九四二）

円谷が「コンテ」を通じてモンタージュすべき画面を設計していることがわかる。ここでは「文化映画」的な手法の「実装」が最終的には「コンテ」に収斂することが語られ、それは手塚に於ける一コマ一カットの「映画的」手法の出現の予言のようにさえ聞こえる。

板垣と堀野に戻ろう。

この時の板垣が「報道写真」に向かいつつあった堀野正雄との綿密な打ち合わせの上に、実際の撮影を主導した詳細はよく知られる。堀野自身もその撮影データに至るまで詳細に記録している。理論の方法化が最終的には詳細な技術に還元される。アヴァンギャルド理論の工学化の手続きの上に戦時下のプロパガンダ技術が設計されたことがよくわかる。

その堀野が向かった「報道写真」は、芸術性と社会性を兼ね備えた表現として目論まれていた。社会性とは政治のツールになることを積極的に求めるものだ。その点で「報道写真」は写真領域で「文化映画」に対応する様式だったと言える。言い換えれば戦時下のニュース写真への「文化映画」的方法の「実装」が「報道写真」だったといえる。それは写真の政治化に他ならない。そして堀野自身は「報道写真」の帰属する「政治」のあり方の変容に半ば身投げするように呑み込まれていく。

この『優秀船の芸術』に於いては、一九三〇年四月六日、横浜に入港した「コルンブス号」が中心的な撮影対象となる。客船内の遊興施設など、階級的、かつ「消費」的な写真が冒頭に並ぶ点で「社会学的」であるが、圧巻は「それは先ず—視覚度の撰び方である」というテーゼを示す一頁に始まる後半だ。そこでは、甲板の巨大な煙突や排気口、あるいはマストなどを対象に極端なローアングル、極端なハイアングル、一つの煙突にしてもあらゆる角度からこれを撮影していて、戦時下の「国力」の表現としての機械芸術が早くも成立していることがわかる【図30】。

視覚度の撰び方

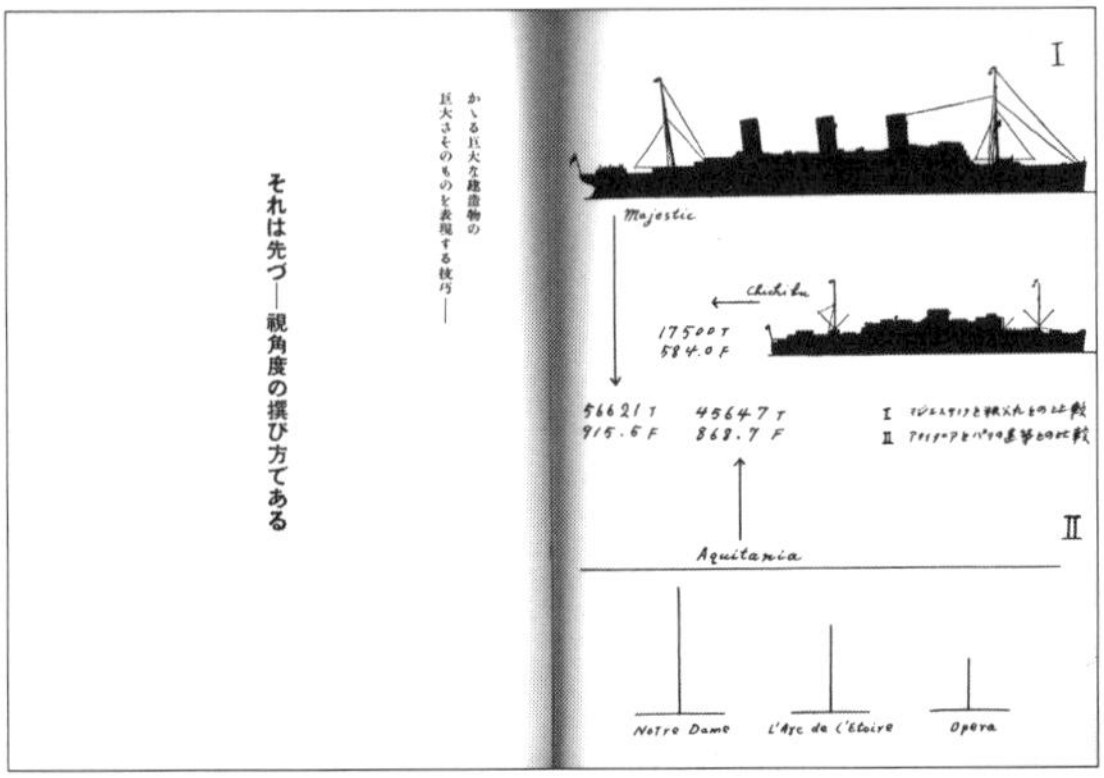
かゝる巨大な建造物の
巨大さそのものを表現する技巧——
それは先づ——視角度の撰び方である
I
Majestic
Chichibu
17500T
584.0F
56621T
915.6F
45647T
868.7F
II
Aquitania
Notre Dame
L'Arc de l'Etoire
Opera

C

【図30】「視覚度」の実験。堀野正雄写真、板垣鷹穂『優秀船の芸術社会学的分析』（天人社、1930）

4　「後衛」たちの鉄塔

この写真集が紛れもなく「運動」の一環であったのは、同書の写真群は、そもそも堀野が板垣とともに同時進行で行っていた一九三〇年に「新しきカメラへの途」と題して、雑誌『フォトタイムス』にも連載された永代橋や三井埠頭の石炭荷役機、東京瓦斯鶴見工場、品川機関車庫での実験を経て、この『優秀船の芸術社会学的分析』、そして堀野の写真集『カメラ・眼×鉄・構成』（一九三二年、木星社書院）に至る一連の「実験」の一部であることからも理解できる。

ここで堀野がこの写真集で示した「鉄」の構成について、写真史や美術史ではありふれた知見だが、クルルから『シン・エヴァ』へという文脈を確認しておくことにする。例えばその嚆矢をアンリ・リヴィエールの『エッフェル塔三十六景』（一九〇二）に見出すことは可能だ。ベンヤミンは鉄を用いた建築の出現は建築に於いて構成の原理が支配的になるとする。エッフェル塔はその剝き出しの「構成」のアイコンとして出現する。だからロラン・バルトが「エッフェル塔を訪れた人は誰でも（中略）それとは知らずに構成主義を実践していることになる」（バルト、一九七九）としたようにエッフェル塔は最初から「構成」として表現される。一八八九年のパリ博のために建造されたこの鋼鉄の巨大構成物が当時、パリの芸術家がこぞって抗議し「醜悪」「滑稽」と酷評される中でその美をアクロバティックな構図でその直後に描いてみせたこのリトグラフ【図31】は葛飾北斎「富嶽三十六景」からの構図の借用であり、更にリヴィエール自身、カメラでこの構図を写真にも収めている。

このように写真史的にはこのローアングルのエッフェル塔をジャポニズムの文脈から説くことが可能で（今橋、二〇〇三）、あるいは既にフランスあたりで『シン・エヴァ』のアニメジャポニズムの文脈としてしたり顔で語られている気さえするが、そういうジャポニズムとクールジャパンの愚かな共犯関係につき合う気はない。

このエッフェル塔に一方で代表される「パリ写真」は、他方では都市そのもの、中でも「どん底」の階級で生きる人々の発見と対になる。例えば地面に横たわる「浮浪者」が被写体として見出される【図32】。しかしそのような階級的な「対」は『シン・エヴァ』には見出せない。そもそも『シン・エヴァ』の冒頭では復興するパリは機械化された都市であり、見上げられるエッフェル塔はあっても見上げる「人」は不在である。同様に『シン・エヴァ』に於いて第3村の出現で「前線」と「銃後」はあるが「階級」はない。それ故、構成として徹底される。

堀野の作品集『カメラ・眼×鉄・構成』に対しては写真史の領域からドイツの写真家アルベルト・レンガー＝パッチュ【図33】、アメリカの画家であり写真家チャールズ・シーラー【図34】に加えてジュルメーヌ・クルルらが与えた影響が指摘される（飯沢、二〇〇五）【図35】。中でも二〇世紀後半に忘れられ、新世紀に入り再評価が始まったとされるクルルはこの構図の出自とされる。ポーランド出身で幼少期にヨーロッパを遍歴して多言語で育ち、父親はクルルを

ローアングルの鉄塔の系譜学 ②

【図31】アンリ・リヴィエール「エッフェル塔の中」『エッフェル塔三十六景』(1902)

【図32】クルル撮影のホームレス写真。今橋映子『〈パリ写真〉の世紀』(白水社、2003)

【図33-2】Albert Renger-Patzsch, Sammlung von 3 Photographien (1940–1959)

【図33-1】Albert Renger-Patzsch, Eisen und Stahl (1931)

【図34】Charles Sheeler, Criss-Crossed Conveyors, River Rouge Plant, Ford Motor Company (1927)

【図35】Germaine Krull, Métal（1927）

【図36】ルネ・クレール監督『眠るパリ』(Paris qui dort)(1923)

【図37】ヨリス・イヴェンス監督『橋』(De Brug)(1928)

【図38】Moholy-Nagy László View from the Pont Transbordeau (1929)

学校に通わせなかったとされる。それが彼女に「文学」でなく「写真」という視覚的言語を選ばせた、と説かれもする。

ちなみにクルルが女性だからということから殊更ジェンダー論とエッフェル塔写真を結びつけるつもりもないが、エッフェル塔の前で繰り広げられる機械の戦争が『シン・エヴァ』の展開の中で男性支配のネルフからミサトとリツコを中心とする女性たちの指揮する新組織が離脱して、男女の戦いに分断していることを、この国でジェンダー論的に肥大した「アニメ・まんがフェミニズム批評」が議論もしないことがぼくには気になる。エッフェル塔を作中で守り、戦闘し、復興させるのもマヤの指揮下(に男性はいるにせよ)とマリである。

アニメとクルルの写真のジェンダー論についてはいつかジャポニズムから離れてフランス人でも日本人でもじっくり考えてもらうとして、そのクルルによるエッフェル塔の「美」の発見は本書での議論にも通じていくものなので、安易ではあるが彼女の「自伝」の文章を孫引きしておく。

エッフェル塔——この生命のない鉄の黒い巨体——がパリで、私を魅了したことは一度もありませんでした。写真を撮ろうと、エレベーターで階から階へと昇っていくにつれ、私は失望で一杯になりました。こんな生気の無い黒いもので、私の「鉄」(＝メタル作品のこと)にふさわしい写真が、どうやって撮れるというのでしょう。しまいに、ずっと上の方に誰も使わない、知られていない階段に通じる小さな門がありました。私はそこを降り、よじ登ると、突然「鉄」の夢幻劇がそこに展開していたのです。エレベーターを回している巨大な車輪、鉄の入り組み合い、小さな鉄のレース細工が、装飾を形造り、逆光では巨大な蜘蛛のように見えました。全ての鉄が生きていたのです。

（今橋、二〇〇三）

クルルの時点で視点の変化による鉄の構成物の生成する美という方法と美学の同時発見がある。かくしてクルルの『Ｍéｔａｌ』（一九二七）は刊行される。この時既に「ローアングルのエッフェル塔」の一つにルネ・クレールの映画『眠るパリ』（一九二三）【図36】があるとされるが、映画史としての結びつきはむしろ後述するジガ・ヴェルトフと対比するべきだろう。ジガは「キノ・グラス」で移動する視点を主張し、『カメラを持った男』（一九二九）の撮影の最中であり、クルルにも近いソビエトの映画理論の影響下にある映画人グループの一人、オランダ人映画監督ヨリス・イヴェンスは『橋』（一九二八）の中でローアングルのエッフェル塔を撮っている【図37】。あるいはモノやヒトや機械を身も蓋もなく描き出す新即物主義のモホリ＝ナジ・ラースローの方が先駆だと年代的に厳密にいえば正しいかもしれない【図38】。

しかし本書に於いては、そのソビエトの映画理論からの影響ないしは共振という点ではクルルを『シン・エヴァ』への水脈の起点とすべきと考える。

ドイツの新即物主義的な写真も日本にとり入れ「新興写真」を日本に導入した金丸重嶺《かなまるしげね》にせ

よ、彼らの流れを汲む新興写真が戦時プロパガンダの方法となっていく中で、例えば金丸が直接引用するのはアレクサンドル・ロトチェンコのローアングルであって【図39-1】、そのロトチェンコはまさにローアングルの鉄塔写真「送電タワー」(一九二七)を「遠近短縮法」と呼ばれた極端なローアングルの写真実験の中で試みている【図39-2】。そういった「遠近法」の人為的な強調が空間にまで及ぶのが特撮であることは既に見た。

だから重要なのは一九二〇年代半ば、汎世界的にローアングルの鉄塔が移動という方法と構成という美学と結びつき「発見」され、そしてただちにプロパガンダという「工学」に転じていく、そのひとくくりの光景なのである。

一九二〇~三〇年代の「新興写真」の拠点であった雑誌『フォトタイムス』などを通じてこれらの作品はほぼリアルタイムで共有されていた、と写真史ではしばしば語られてきた。堀野自身はパッチュともう一人E・O・ホッペの名を挙げる(堀野、一九三二)。ホッペであれば塔ではなく鉄橋の写真が堀野と重なり合う【図40】。ここに同時代のロシア・アヴァンギャルドの建築家ウラジミール・シューホフの双曲面構造のアジゴル灯台やラジオタワー【図41】をジャンルを超えて関係なく導き出して少しも問題はなかろう。それらはエッフェル塔以上にローアングルで撮影されるために存在しているかのようだ。写真の領域ではかくもローアングルの鉄塔の氾濫が起きている。ここに隣接領域としてエイゼンシュテインの映画『ストライキ』(一九二五)に於けるローアングルの鉄塔に群がる労働者のカット【図42】や『戦艦ポチョムキン』（一九二五）【図43】を加えれば、先に言及した加藤悦郎グループのプロパガンダまんがもまたこの群れの一つ、日本に於けるローカライズであることが確認できよう。

　これらの作品をグーグルで探し出すことは今やひどく簡単である。

　ここで一つの疑問が生じる。

　彼らは何故、鉄塔やそのバリアントとしての鉄橋に執着したのか、という点である。それは堀野の写真集のタイトルに方法意識として明瞭に示される。

　一つはそれが資本主義の表象であり、同時に社会主義やファシズム体制の国家にとって不可欠の重工業的な生産のアイコンだからである。加藤悦郎編のプロパガンダまんがに於ける鉄骨は彼の転向の道筋に従って社会主義的なものから国家主義的なものの表象に容易に用途を変えるが、重要なのは根本にある「美学」である。

　即ち「鉄骨」の組み合わせがもたらす構成的な美学である。そのことは改めて確認しておきたい。バルトの言うようにエッフェル塔は誰をも構成主義者にしてしまうのだ。そこには重厚さと繊細さの共存がある。それは線と線の交錯がもたらす幾何学的な図形や鉄骨に対する美意識でもあり、戦時下の三島由紀夫少年がレニ・リーフェンシュタールの『オリムピア』を見た際にそこにこのような幾何学的な美を身体に見出したと記している【図44】。田木繁の『機械詩集』（一九三七）もまた「立体幾何学」を唱う。鉄骨やその構成主義による塔や鉄塔は一方では資本主義や重工業や労働者による生産と結びつくが、そのマテリアルの重厚さは構成主

ローアングルの鉄塔の系譜学③

【図39-2】ロトチェンコ「送電タワー」ワタリウム美術館編『ロトチェンコの実験室』(新潮社、1995)

【図39-1】アレクサンドル・ロトチェンコ「避難梯子」連作「ミャスニツカヤ街の家」(1925)より、ワタリウム美術館編『ロトチェンコの実験室』(新潮社、1995)

【図40】Emil Otto, (左) New High Level Bridge, Northum berland Newcastle on Tune (1924), (右) HoppéKakiwerk, near Hildesheim (1928)

【図41-2】ウラジミール・シューホフ設計「ラジオタワー」(1922)

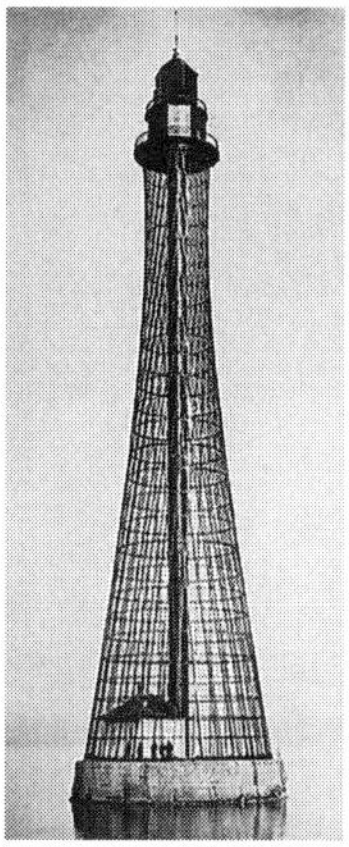

【図41-1】ウラジミール・シューホフ設計「アジゴル灯台」(1911)

【図42】セルゲイ・エイゼンシュテイン監督『ストライキ』(1925)

【図44】レニ・リーフェンシュタール監督『オリンピア』(1938)

【図43】セルゲイ・エイゼンシュテイン監督『戦艦ポチョムキン』(1925)

義的な方法、つまりカメラアングルという角度とあいまってその都度変化するものとして生み出されるのである。それが「機械美」である。それ故、この鉄骨の構成美は単体の写真としてでなく、カメラアングルそのものの変化と同期される必要がある。それが堀野の写真集の題名「鉄」による「構成」の意味するものだ。

しかし堀野らの写真集は「鉄・構成」にもう一つ「カメラ・眼」という語が組み合わされている。そのことが即ち静止的な鉄による構成主義的機械美だけではなく、動的な視点の所在を端的に示している。だから同書は映画史的にはソビエトの元医学生でＬｅｆ（左翼芸術）戦線に加わったジガ・ヴェルトフへと当然、接続される。多くの美術研究者は堀野・ヴェルトフと手塚・庵野を同じくくりとして論じないし、その理論や達成にいくらでもクリティカルな差別化は可能だ。しかし今は乱暴に一括りにすることで開けてくる風景をこそ見よう。

ヴェルトフにとって映画は高度な産業基盤の上に成立した新しい芸術である。それ故、社会主義国家ソビエトの建設のために資本主義の企業家からまず奪回されるべきものだった。ヴェルトフは医学生だったが、学んだのは精神病理学だった。偶然だろうが手塚治虫や松崎啓次らが医学生としてのキャリアを持つことはもう少し重要視していい問題かもしれない。

それはともかく、ヴェルトフは一九一八年、二二歳で映画界に入り、モスクワ映画委員会のニュース映画の書記となる。そこで彼は「民衆の阿片」と呼んだ「キノ・ドラマ」、すなわちアメリカ式の資本主義的劇映画でなく、ニュース映画こそ資本主義から奪回した後の映画の新しい様式だと考える。それは「記録」的であり「芸術」的でもある。ここから『桃太郎　海の神兵』の「文化映画」性に「記録」と「芸術」を見出していた手塚少年の教養がヴェルトフに接続し得ることは注意しておきたい。

ヴェルトフはクレショフの実験工房が行った異なった場所や時間で撮影された無関係なフィルムを編集するモンタージュの実践を試みている。そしてもう一つ、軽量のカメラの発明を受けて、どこへでも移動し、走っている列車、自動車、そして歩きながら撮影を行った。そうやってカメラは人間の眼の機動性に近づいただけでなく、物理的に人間の眼そのものを列車や自動車によってより自由にしようとした。

その主張が「キノ・グラス」、つまり「映画」という「眼」の所在である。彼は「キノ・グラス」をこう形容する。

われわれは運動のリズムにのって縮小したり増大したりする。
その運動はゆっくりとす早く、
われわれから発し、われわれの傍らを走り去り、われわれに向かってくるし、
円を描き、直進し、楕円を描き、
右へ左へと進み、プラスとマイナスの記号をもっている。
運動は曲がったりまっすぐになったり分岐したり細分化したり増殖したりしながら、音もな

く空間を貫通する。
また映画は、空間において科学の要求を充たしている運動をつくりあげる芸術であり、学者でも芸術家でも技師でも大工でもよい、発明家の夢を実現するものであり、キノキ的創造による実現不能なものの実現である。
（大石、田中、一九九四）

ここには手塚治虫、そして庵野秀明が彼らのアニメーションによって試みようとした方法がほぼ正確に説明されている。

そしてヴェルトフは『キノ・グラス』（一九二四）や『カメラを持った男』（一九二九）をこのような方法の上に製作する。

『キノ・グラス』に於いては、幾度か確かめるように画面の四方にぼんやりとした楕円の縁が写り込む【図45】。これが眼球が眼窩内にあり、そこから外界を見る／写す「キノ・グラス」による映像であることの注意を受け手に喚起させる作用を持っている。そしてこのキノ・グラスは様々な場所へと移動していく。しかし、この時点ではその移動は未だ重力に縛られていて、空間の制御はもっぱらカットとカットの接続モンタージュに依存する。異なる場所で撮影してフィルムの接続によって空間そのものを編集可能にしたことを彼はこの作品で確認したといえる。

だが『カメラを持った男』になるやそれは一挙に奔放なものに変わる。

即ちクルルや堀野、庵野の如く過剰なローアングルによる「塔」の出現したことに象徴されるように様々にアングルが変化する【図46、47、48】。小型カメラを持参できるようになった移動（空間）の自由をぎりぎりまで行使し、カメラを持つ人間の身体の物理的な法則を超えようとする。彼は果敢に溶鉱炉や巨大ダムの放水に接近するだけでなく【図49】、ゴンドラに乗り自らを宙吊りにし【図50】、あるいは列車の迫る線路に立ち道路に横たわりローアングルを撮影する【図51】。そこかしこに彼は出現するのである。とうとう彼は塔に登る【図52】。やがて彼自身が巨大化し、群衆から見上げられるに至る【図53】。それらの「カメラを持った男」の姿が作中に彼が撮影したフィルムとともにインサートされている。

ヴェルトフ自身の説によれば「まやかしの国の生活を監督している映画スタジオ」の「革命ごっこ」、即ち演出された「新しい生活」と「社会主義建設」という「水銀灯と電気の太陽が輝く」スタジオの虚構の外に出て、フェイクではない「生活」そのものを撮影することをこころみ、そのためにカメラ位置の移動やトリック撮影などあらゆる技術を駆使しつつ、カメラが映し出しうる「生活」の領域を拡大していく（ヴェルトフ、一九二八）。それは社会主義が「生活」あるいは「世界」へと拡張していくことの視覚化に他ならない。それがこのカメラを持つ男の権能である。

カメラを持った男は、遅れずに生活に付いてゆく。銀行へ、文化クラブへ。ビヤホールへ、

カメラを持った男が疾走する

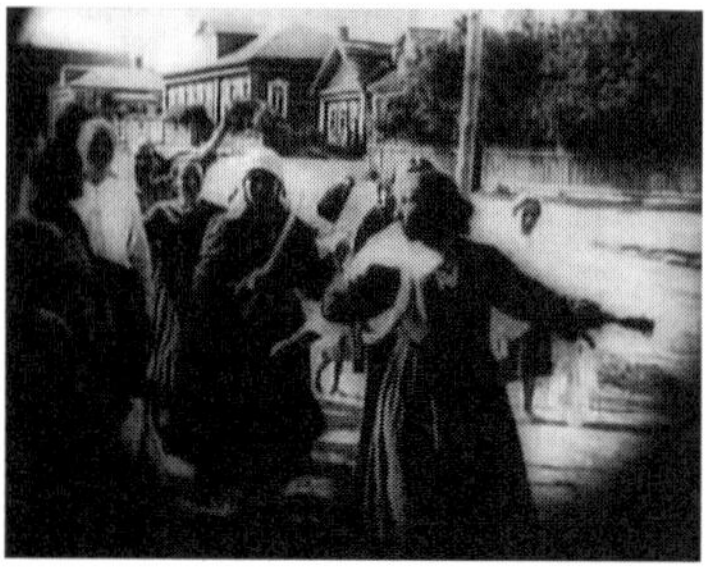

【図45】ジガ・ヴェルトフ監督『キノ・グラス』(1924)

【図46–図48】建造物を巡りあらゆる仰角が切り取られる。ジガ・ヴェルトフ監督『カメラを持った男』(1929)

【図49–図53】 あらゆる場所からカメラで撮る。ジガ・ヴェルトフ監督『カメラを持った男』(1929)

【図54-図55】ジガ・ヴェルトフ監督『カメラを持った男』(1929) における「特撮」

【図56】観客は「見る側」の特権的立場を気がつくと奪われ撮られる側、スクリーンの中にある。ジガ・ヴェルトフ監督『カメラを持った男』(1929)

【図57–図58】 空からの視線、移動する車の運転席からの視線。Germaine Krull（上）Paris（1925）（下）Untitled（1930）

診療所へ。議会《ソビエト》へ、住宅委員会へ。協同組合へ、学校へ。デモへ、党細胞の会議へ。カメラを持った男はどこであろうとついてゆく。

軍事パレード、大会に参加し、労働者のアパートにもあがる。貯蓄局に当直し、保健所や駅を訪れる。桟橋と飛行場を視察する。男は乗り物を次々かえて旅をする。一週間で――自動車から汽車の屋根、汽車から飛行機、飛行機からグライダー、グライダーから潜水艦、潜水艦から巡洋艦、巡洋艦から水上飛行機へと次々乗りかえる。（大石・田中、一九九四）

このようにして彼は「ソビエト国家」そのものを映し出すわけだ。日本での公開時、「これがロシアだ」と邦題が付せられたのはその主題に案外忠実であったわけだ。

こういったヴェルトフらの方法は当初は未来派のもたらしたものだ。映画批評の側から映画的、即ちモンタージュに基づく映画主義文学を提唱していた岩淵正嘉は絵画に於ける印象派が「一瞬」だけ対象を捉えようとしていたのに対して、未来派は対象を固定した瞬間の形式で表わさないという点で「映画的」であるとする。そして時間という固定された場所から自ら解放しようとしただけでなく、未来派のもう一つの「映画的な態度」として「同存」を挙げる（岩淵、一九四一）。それは従来の絵画における「視覚」を窓枠に捉えればその窓枠によって切り取られた風景の外側に「同存」するより広い風景があり、それに映画に於けるクレーン移動やパン移動といったカメラ空間的自由や二重露光という「同存」を導き出す。こういった「同存」

について岩淵はマリネッティが舞台の上で二つの階級の物語を並行的に上演し、映画以前のエイゼンシュテインがこれと同じ舞台演出をしたことを指摘する。「同存」という考え方はフィルム・トリック、つまり特撮となり、アヴァンギャルド理論の中に包摂される。実際、これらの特撮は「カメラを持った男」自身の表現【図54】や資本主義と社会主義の戦いの表現【図55】に於いて駆使される。一九四〇年前後、映画理論の応用による絵巻解釈で何故「信貴山縁起」などに於ける異時同図法が「映画的」なものとして特権化したのかといえば、このような「同存」の問題があったからだ。

そしてこのような「同存」する身体を持つカメラを持つ男は外部のあらゆる風景の中に立ち入り、当時の物理的環境の許す限りの中でカメラ位置を最大に変化させ、岩淵言うところのフォルテシモ（強調）としての「大写」をインサートしつつ、最終的にはバイクに乗った「カメラを持った男」とそのカメラが見つめる観客席に向けられる光景が映し出されるに至る【図56】。映画的であることの時間的空間的自由さの証しとしての映画館の現実と自分たちの現存の「同存」に観客たちは一九二九年の時点で晒されるのである。ヴェルトフがスタジオを写し、バイクに乗った「カメラを持った男」がスクリーンに映し出されそれを見る観客そのものが映像に描き出される様は『シン・エヴァ』に於いての客席の観客やスタジオそのものを「同存」的に映像にとり込んだ表現を連想させもする。

このような「カメラを持った男」の体現する、スタジオというフィクションの制作システムの外に出て生活そのものを自由に移動するカメラによって表現したいという欲求は、「カメラを持った男」が目論む革命であり、彼は、資本主義芸術としての映画の送り手と受け手の安定の破壊者に他ならない。

そしてこういったカメラの自由さは映画『ラブ&ポップ』（一九九八）に於ける手持ちビデオを駆使した実写映像から『シン・エヴァ』の三六〇度回転するCGの双方に通底する庵野秀明の欲求に他ならない。庵野はアニメーションの領域に於いて「カメラを持った男」としてふるまっているのだ。

カメラの空間的自由さへの欲求はしかし「映画」にのみあるわけではない。クルルの作品群を再確認すれば空からの撮影【図57】、あるいは走る車のフロントガラスから写り込む写真【図58】が含まれ、キノ・グラフ的なものの同時代性が見てとれる。

これらの運動はヴェルトフが主張するようにカメラのスタジオの外、岩淵の比喩に基づくなら窓の外の全て、つまりは現実の側への越境である。

そして鉄骨の「構成」をあらゆる角度からカメラに撮影するという欲求が写真に及んだ時、写真の画面内に於ける鉄骨の構成でなく写真相互のモンタージュ（構成）に否応なく向かう。写真は一葉では成立しなくなる。それが写真の本当の意味での絵画からの離脱といえる。写真家はカットとカットを編集するように写真と写真を編集し始めるのだ。しかし、それをスクリーン上で行えばただの静止画のスライドショーでしかあり得ない。何よりも映画が映写機という機械と結びつき機械化された芸術の大衆性を獲得したとすれば、写真が結びつくべき機械は印刷機であり、それが大衆と出会う場は映画館のスクリーンではなく雑誌の誌面である。そこが写真の新しい表現の場となる。

機械芸術「写真集」としての『カメラ・眼×鉄・構成』『優秀船の芸術』を受ける形で堀野はグラフ・モンタージュと呼ばれる手法に着手する。これは雑誌のグラビアページに写真をレイアウト（構成）していく表現でソビエトのグスタフ・クルーツィス、あるいはドイツではジョージ・グロスやジョン・ハートフィールドのグラフ・モンタージュである。グラフ・モンタージュは一九三一年『独逸国際移動写真展』によって日本に持ち込まれ、またも板垣鷹穂は堀野正雄の協働として「大東京の性格」（『中央公論』一九三一年一〇月号）を発表、その試みを引継いだ形で『犯罪科学』（武侠社）で一九三一年から三二年にかけて堀野は村山知義や北川冬彦、千田是也と組み、グラフ・モンタージュを発表していく。このグラフ・モンタージュ実験の参加者に文化映画のプロデューサーとしてやがて上海で偽装中国映画製作を行う東宝の松崎啓次や、やはり戦時下の文化工作者となる大宅壮一らの作品が混じることになるのは興味深い。それはグラフ・モンタージュが「報道写真」に「実装」されていく過程としてこの試みは位置付けられるといえるからだ。

このグラフ・モンタージュの技法は金丸重嶺の『新興写真の作り方』（一九三二）で詳細に説かれるが、その金丸はやがてその技法ごと戦時下のプロパガンダに身を投じてアヴァンギャルドの「転向」をいわば主導する。

『犯罪科学』のグラフ・モンタージュの顔ぶれが興味深いのはキノ・アイという手法で社会主義的なメッセージを発するこれらの人々が翼賛体制下のプロパガンダの担い手となっている点であり、もう一つはこれらがメタ的なメディア論になっている点である。

堀野と千田の「フェードイン・フェードアウト」(『犯罪科学』一九三二年四月号)は資本主義芸術の産業化と退廃、そして「テレビジョン」にやがてそれがとって代わられるであろうメディア論である。テレビはベルリンオリンピックで実用実験が試みられ、皇紀二六〇〇年の幻の東京オリンピックに於いて華々しく表舞台に登場するはずが第二次世界大戦でテレビの時代は遅延するのである。それを「写真」と「文字」のモンタージュとして紙面にレイアウトしていく【図59】。松崎啓次「天国・地獄・撮影所」(『犯罪科学』一九三二年七月号)は撮影所に群がりスターに憧れる大衆らに、ヴェルトフばりにそこもまた労働者が搾取されている場だと言わんばかりである【図60】。大宅の「ゲット・セット・ドン」(『犯罪科学』一九三二年二月号)は「朗か」に見える世界に階級が存在し、人々は時間に追われ転落し、享楽に溺れ、しかし「人類は前進する!!」とソビエトの五ヶ年計画を示す工場の写真とローアングルの民衆たちで終える【図61】。それらメディア論的な自己言及と社会主義に向けてスタジオの外の現実を「構成」によって収斂させていく手法は、ヴェルトフの模倣というよりはほとんど二次創作に近い。

しかし重要なのは、ここでクルルらヨーロッパの写真家でもヴェルトフでもいいのだが、そ

メディア論としての グラフ・モンタージュ

【図59】千田是也・堀野正雄構成「フェードイン・フェードアウト」『犯罪科学』1932年4月（武俠社）

【図60】松崎啓次編集・構成「天国・地獄・撮影所」『犯罪科学』1932年7月（武俠社）

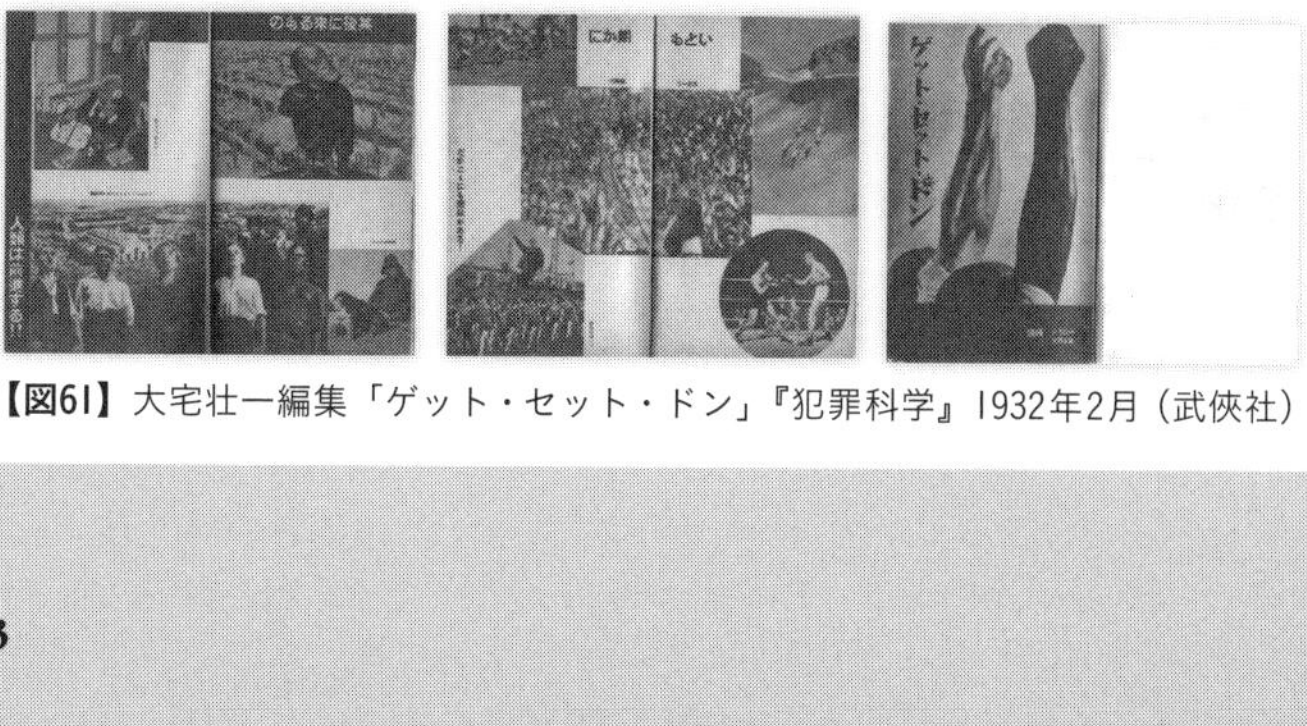

【図61】大宅壮一編集「ゲット・セット・ドン」『犯罪科学』1932年2月（武俠社）

のイデオロギーではなく方法が一つの工学として日本の視覚表現の世界に持ち込まれた、という点である。

それ故、同時に着目すべきは、そのもたらした影響である。この堀野らの仕事は多くの後衛を産み、他領域への援用を促した。この援用可能性こそが工学化された運動の特徴である。それを写真史的な領域で精緻に語るのはぼくの手に余るが、同時に「その外側」の、しかも写真の非専門家や一般の読者に届いたいくつかの事例は堀野・板垣の「運動」のスパンを示している。

例えば戦時下、大政翼賛会の宣伝部の中核を担うことになる花森安治の旧制高校時代の詩に以下の書き出しで始まる作品がある。

鉄骨ハ逞マシイ
感情
構成スル
稜柱ト稜角ハ
斜ニ截画スル青穹
遥カ上空ニ
点ト凝集スル

（花森、一九三二）

「鉄骨ノ感覚」と題され「鉄骨」による「構成」や「稜角」「上空ニ点ト凝集」といった言葉の連鎖はどう考えても堀野・板垣の作品を見ていなければ書けないものだ。花森は一九三二年三月の作だから『優秀船の芸術』や『フォトタイムス』の連載、あるいはそこに至る板垣の論考などを読んでいたにちがいない。

あるいは【図62】の写真を参照されたい。こちらは戦時下、報道技術研究会の理論面においても中心的存在となる今泉武治の無名時代、森永製菓で広告作成の現場にあった時期の作品である。一九三三年のアルバムの中にあった一群の写真の連なりである。明らかに板垣・堀野の「実験」と酷似したカメラアングルを再現しようとしていることがわかる。それは出来上がった写真の模倣でなく、板垣の理論や堀野の撮影データを踏まえたものであったはずだ。

同じアルバムにはチョコレートを橋と同じようにあらゆる角度から撮影しようとした一群の写真も残されている【図63】。堀野の「映画的」な実験が広告制作の現場に工学的応用を試みさせたと言える。今泉が『フォトタイムス』の実験をリアルタイムで見ていたことは、彼の旧蔵ファイルに同誌からのこの時期の切り抜きが多数あることからもわかる。

また、今泉は一九三〇年代後半、多くの映画論を読み、それをノートにとっている【図64】。今村太平《たいへい》の論文のノートが目立つが、残されたメモの束から堀野らの実験や理論をベースに「レイアウト論」とでもいうべき理論へと発展させようとしていたのではないかと推察さえできる【図65】。それは戦時プロパガンダ、そして戦後の広告やメディア理論の根本を創り出し実践していく報道技術研究会の理論となっていくものであり、この細部を検証するには別の本が一冊、必要となってくる。

その中に「映画的なるもの」と題するメモがある。一九三七年一二月の日付があって九項目が立てられていて、最初にはこうある。

映画的リズム
クローズ・アップ　時間・場所の視覚的飛躍
モンタージュ
(現実・非現実的結合に基く現実) フラッシュバック　ワイプ、
フェイド
画面の省略
画面の結合 (心理の推移の結果の表現)

(今泉、一九三七)

この後に「現実性」「直観性」などの項目も並ぶが、堀野が「映画的」を「モンタージュ」の意味で用いていたことがわかる。ヴェルトフの『カメラを持った男』としてデザインの「構成」者を定義したものであることがうかがえる。原弘が映画論によってレイアウトを理論化しようとしていたことと同じことを写真で堀野も考えていたことがうかがえる。

もう一例、「後衛」と言うよりはエピゴーネンと言うべきか、宝塚少女歌劇団の初期の演出家である堀正旗は一九三三年五月、「ベルリン娘」というオペレッタレビューを上演している。ドイツの表現主義演劇の劇作家ゲオルク・カイザーの戯曲「二つのネクタイ」の翻案で豪華客船の上で物語は展開する。その舞台写真を堀は堀野正雄が集中的に寄稿していた『フォトタイムズ』に自ら紹介する。舞台装置は船上の甲板や客室であり、堀の解説によれば「機械の時代」の象徴、「構成派様式の舞台装置」を用いたとあり、作中人物が一等船客と三等船客としてすれ違うというモチーフを上下の船室で「階級」として区切り演出の要としている（堀、一九三三）【図66】。これは、『優秀船の芸術』における客船を「階級」の可視化として捉える主題と明らかに重なる。まさに岩淵の言う「同存」に他ならない。また、具体的な説明はないが「映画的手法」で演出したとある。「同存」のことをそう言っているようにも思える。このように「ベルリン娘」は『優秀船の芸術』の舞台化としての側面を持っているようにも思える。

板垣・堀野の影響が地方の高校生やチョコレートの広告の創り手、宝塚にまで及んだことは、それが単なる波紋でなく、花森や今泉がやがて翼賛体制下のプロパガンダの優秀な担い手となり、その活動の影響は戦後の雑誌メディアや広告業界に及んだことを考えると、やはり戦時下プロパガンダを挟む前後に一連なりの「運動」があったことを示す証左と思われる。

その「後衛」最後尾に位置するとともに、プロパガンダとしての文化運動を確信犯的に戦後

今泉武治の映画的手法実験

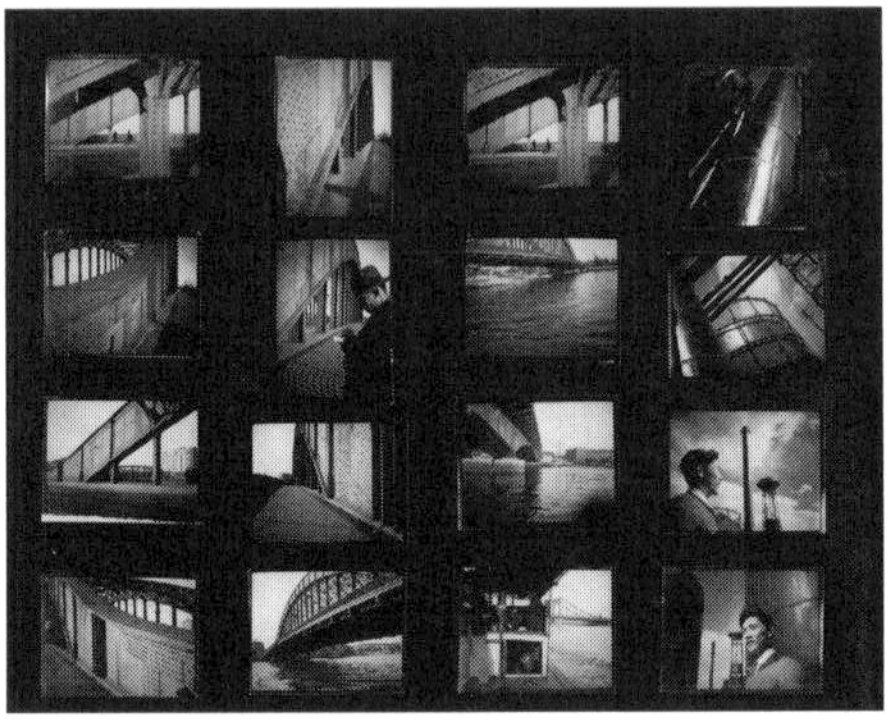

【図62】堀野正雄の構図の再現を試みる今泉武治1933年のアルバム（大塚私蔵）

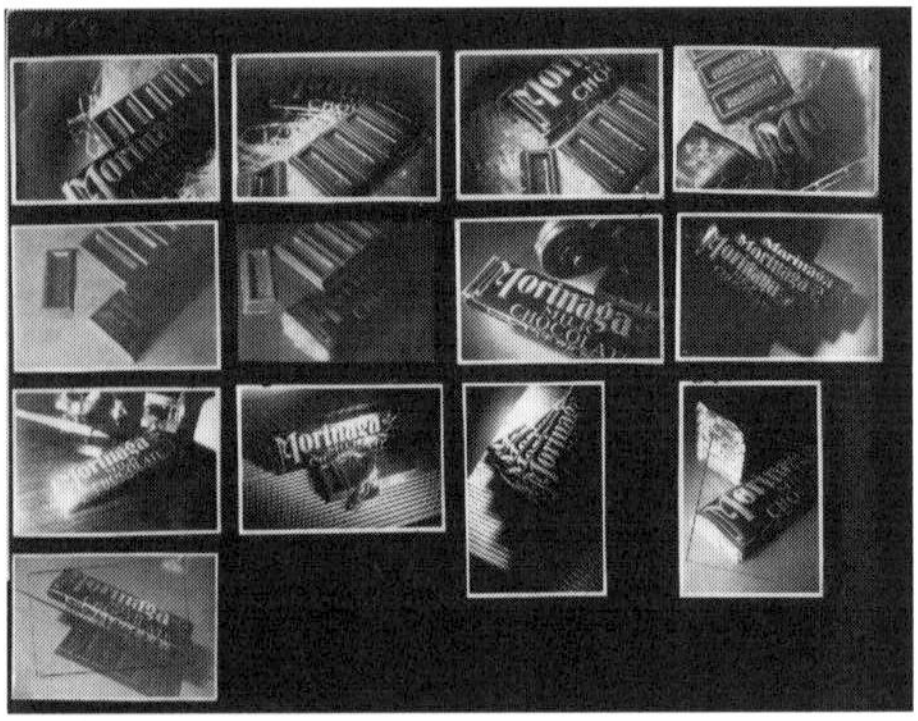

【図63】堀野正雄の構図の応用を試みる今泉武治1933年のアルバム（大塚私蔵）

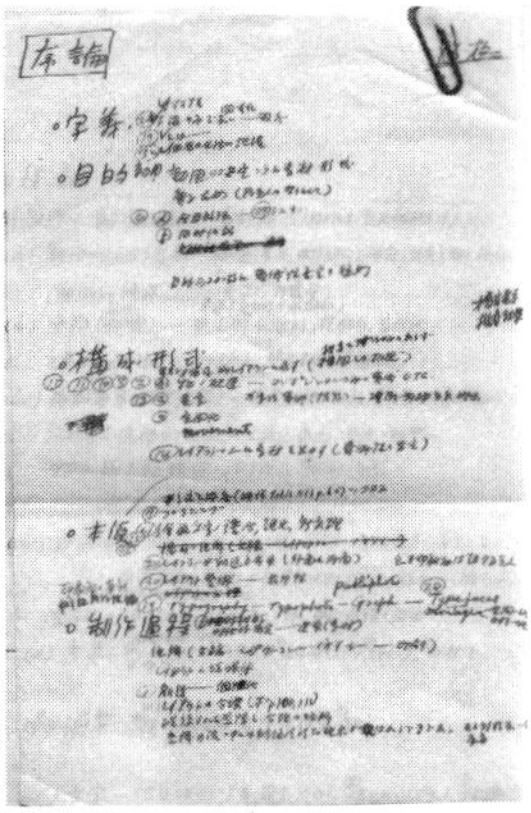

【図65】今泉武治レイアウト論構想メモ（大塚私蔵）

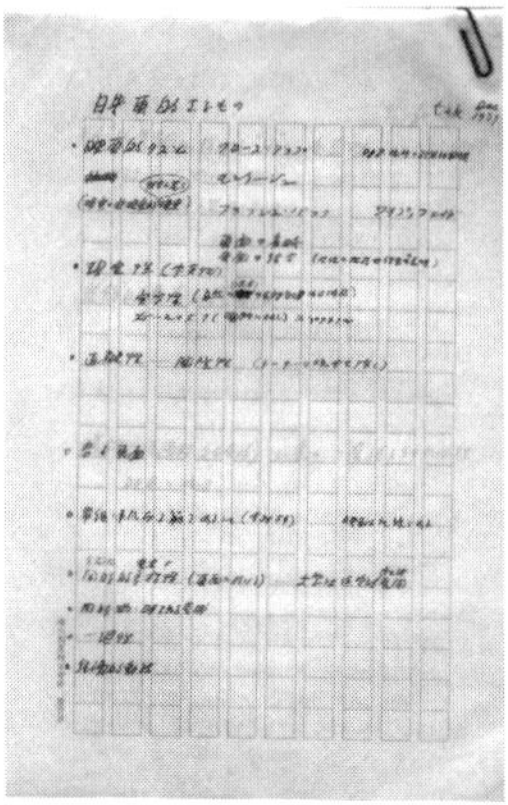

【図64】今泉武治「映画的なるもの」メモ（大塚私蔵）

【図66】堀正旗「ベルリン娘」舞台装置（「『ベルリン娘』の演出に就て」『フォトタイムズ』1933年7月1日）

に繋いだのが手塚治虫であることは示唆した通りだ。その運動のスパンは戦時に於ける『優秀船の芸術　社会学的分析』の影響に留まらず、大正新興芸術運動を企業広告からプロパガンダへと応用工学的に方法化し、視覚表現を中心に再編成していくより大きな流れとしてあり、それが戦後のまんがやアニメーション、特撮映画などの周縁的な視覚メディアの方法論の成立と直結していく。それが、ぼくが「おたく文化」の戦時下起源と常に呼んできた歴史の意味だ。

最後に板垣・堀野の「運動」のまんが領域での継承者としての手塚治虫についてその戦後に於ける一例を挙げておきたい。

手塚のいわゆる「ストーリーまんが」は「映画的」手法と自明のように言われるが、しかし一方で数多くのまんが入門書を残しながら「映画的」手法については具体的には説いていない（大塚、二〇一八）。

その中で例外が「漫画教室」（一九五二〜一九五四）であり、「あたらしい表現1」「あたらしい表現2」と題した回である。そこでは「マンガの人間は、ただこうしてよこからよこへ出入りするだけ」の表現に対して、「アップショット」や、用語こそ用いていないがローアングルやパーツショットなどを用いた手法について言及している。手塚が用いたこれらの手法への旧世代の批判があったとも考えられる挑発的な描き方をしている。

しかし注目されるのは、それに先立つ「長へんまんがの描き方」とされる極めて不可解な回である。「漫画教室」連載当時、手塚は同じ『漫画少年』に「ジャングル大帝」を連載していた。そしてこの回は「ジャングル大帝」の第二五回を兼ね、一つの頁に左右に二分割、右側に「漫画教室」、左側に「ジャングル大帝」を配置するというもので【図67】、原稿が遅れて苦肉の策ともとれるが、しかし奇妙なのは作例であるはずの「ジャングル大帝」と本文である「漫画教室」の内容の不一致である。「漫画教室」パートでは、長編まんがは単行本として残るから内容に注意しよう、ノートに文章でまず物語を描き、次に「だいたいの絵柄をとってみ」ようなど、まんがの絵コンテの説明もなされるが、それぞれ一コマのみの言及である。後は講師役のキャラクターの他愛のないギャグに終始する。しかし「作例」としての「ジャングル大帝」は船の甲板をキャラクターが縦横に動き回ることで、結果、船上の「部分」が様々な角度から描かれ、そのコマが接続される構成となっている。これは一コマを一カットとする映画的手法の説明に他ならないが、しかしこの次々と変化する甲板上の光景が『優秀船の芸術』から『カメラ・眼×鉄・構成』に至る板垣・堀野のコロンブス号での「実験」の一群の写真をどうしても彷彿とさせるのだ【図68】。

無論、手塚がそう述べているわけではない。花森のようにリアルタイムで堀野作品を見たことは年齢的には考え難い。しかし敗戦の年、『海の神兵』に於ける「文化映画」性を正確に見抜き言語化し、かつ「映画的」手法の九コマに昇華させた手塚治虫少年がいたことも事実である。

手塚は既に述べたように、『罪と罰』の中で構成主義的舞台装置を引用しているだけでなく、

手塚治虫の映画的手法と『優秀船の芸術』

【図67】 手塚治虫「漫画教室」第6回、『漫画少年』1954年9月号（学童社）

【図68】「漫画教室」で再現する手塚治虫
手塚治虫「漫画教室」第6回、『漫画少年』1954年9月号（学童社）

【図68対比】 堀野正雄写真　板垣鷹穂『優秀船の芸術　社会学的分析』を手塚は板垣・堀野を参照したのか？【図68】に同じ

【図69-2】 安井仲治「灯台」（1930）
手塚の父・手塚粲の盟友安井仲治は「鉄塔」「リーアングルの塔」の系譜にいる写真家。

【図69-1】 安井仲治「海港風景」（1930）

表現主義的な陰影の強調を映画『罪と罰』から引用してもいる。それらは一方では手塚のキャラクターがディズニー様式で描かれているため、その出自を見えにくくもし、指摘しても陳腐化しているように見えるだろう。しかしここでは詳しく言及しないが、ディズニーアニメもまた戦時下、機械芸術、メカニズムとして位置付けられた歴史をむしろ私たちの方が忌避しているのだ。

今は推察でしかないが、これらの手塚の映画史的教養の出自は手塚の父・粲《ゆたか》（一九〇〇～一九八六）にあると考えるのが妥当だ。粲はアマチュア写真家でフォトモンタージュなども手がけた同じく関西のアマチュア写真家の安井仲治とともに丹平写真倶楽部に所属していた。粲がそのような手法を試みたかは定かでないが、その方法を知りうる環境にはあった。少なくとも安井の作品に鉄骨の上で働く作業員を描く「海港風景」（一九三〇）やローアングルの鉄塔を描く「灯台」などの作品に確認できる【図69】。安井らと一九四一年、ユダヤ難民を撮影した「流氓ユダヤ」への参加で写真史に名を残す。

その粲の蔵書に板垣・堀野に関わるものがあった可能性は否定できない。無論、戦前戦時下に於ける京阪神モダニズムの存在を含め、手塚の文化的環境が彼の戦時下に於ける映画的・写真的思考の形成にいかに関与したかは今後検証が必要であるにせよ、その「映画的」なまんがの出自の一つが『優秀船の芸術』周辺にあったと仮定することは困難ではない。

だとすれば、昭和初頭から十五年戦争下における映画理論の流入と文化工作の中で応用工作化、それと一体の機械芸術論、その産物としての文化映画から『海の神兵』に至る流れの中で、その「映画的」な方法が形成され、それ故「物体をあらゆる角度から描」くことに「映画的」なものを見出し、先の「漫画教室」の甲板のカット、そして『新宝島』の描き換えまで、手塚がどこまで意識していたかはさておき、一つの表現上の「運動」の中で手塚は戦後まんが史をつくっていったことは少なくとも仮説できるだろう。

ちなみに手塚が「長編まんが」、即ち「ストーリーマンガ」の解説になぜ、板垣・堀野を引用したのか。それは『優秀船の芸術』に以下の一節があるのが念頭にあったのかもしれない。

優秀船にストーリーを求める映画劇――例えばトーキー「タイタニック」の如き――があり得る。恐らく、「ポティヨムキン」に於けるエイゼンシテインの才能が、優秀船をモティーフとする階級戦的主題に使用されることもあろう。

（板垣、一九三〇）

無論、そうだとまでは強弁しないが、『シン・エヴァ』の冒頭、ローアングルのエッフェル塔の後で同じように巨大な戦艦がめまぐるしく、文字通りあらゆる角度から映し出される様を観ると、やはりこれも作りの手の自覚の有無はさておき、一つの「運動」の果ての達成と思えてしまうのだ。その「運動」は自覚されず、脱領域などと宣言することなく領域を超え継続していく。そしてその記述は分断されたアカデミズムの領域の学際的研究で達成できるほどに単純ではない。正しく「編集」されるためにはいかに正しく「分断」されるかその戦略が必要であり、まさにそのことを理論化し実践化しようとしたのが報道技術研究会など戦時下の文化工作理論家たちでもあることは別稿に論を譲ろう。

手塚はまんがで庵野はアニメで円谷は特撮で、「カメラを持った男」として、疾走し飛び跳ね鉄骨をよじのぼり地面に寝転び重力から離脱したいともがく。事実、『庵野秀明展』の図録はローアングルで鉄塔を捉えようとする彼自身の姿を収録する【図70】。今回はただそういう「歴史」の所在を感じとってくれればいい。

しかし、この「歴史」、あるいは「運動」がおたく文化的な表現に収斂していった時、そこに決定的な問題をもたらす。

庵野秀明の、というよりおたく的な表現の根本的な倒錯はその出自が未来派にせよ、ジガ・ヴェルトフにせよ、彼らがモンタージュ、つまり空間と時間の固定された状態からの「解放」と「編集」を以て観客に体験せしめようとした「事実」を持たない点にある。「事実」は「生活」とか「現実」とも言い換えられる。

この一連の運動の記述に於いてぼくはカメラや「カメラを持った男」の出奔先としての「事実」、あるいは「生活」について殊更、強調しなかった。しかし既に中途半端に触れたように、美術史的にはこの運動の出自はしばしば新即物主義と結びつけられる。新即物主義、即ちノイエ・ザッハリヒカイトとは、パッチュやクルルらが写真によって写し撮ろうとしたのは工場

カメラを持った男としての庵野秀明

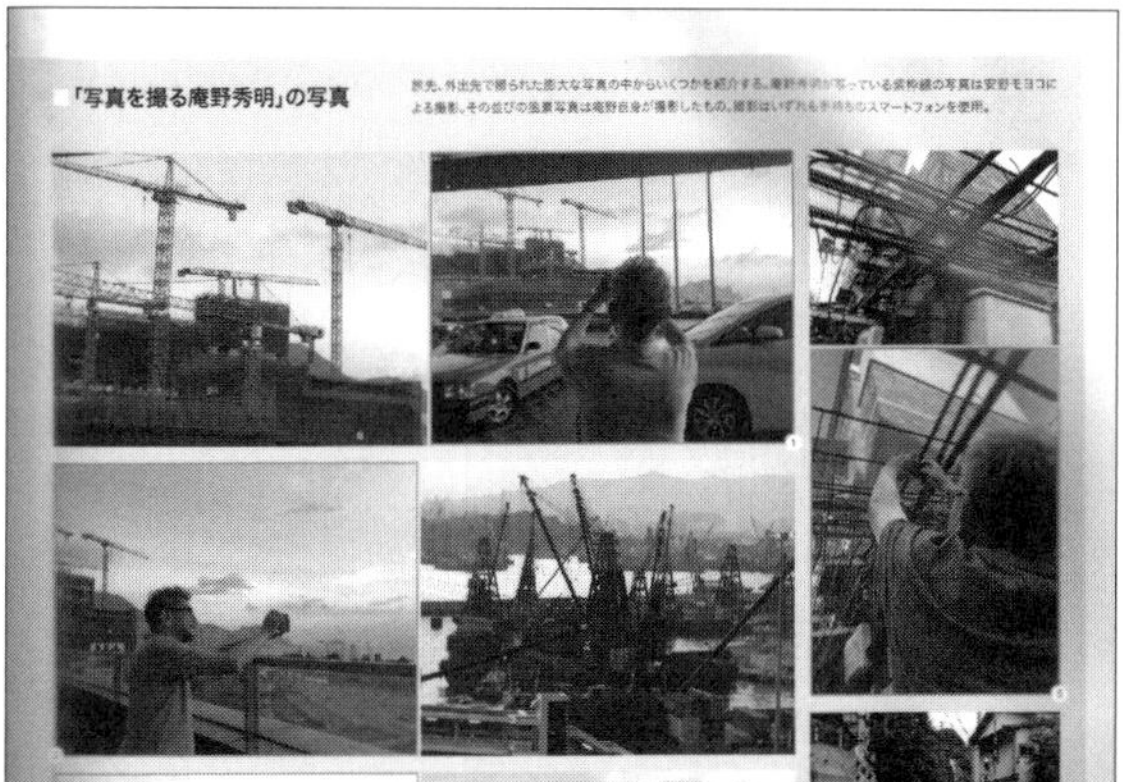

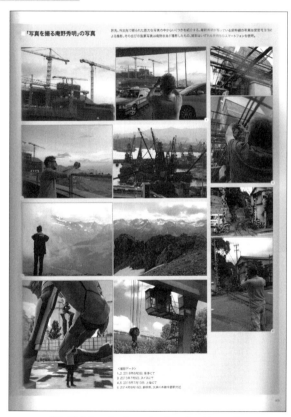

【図70】『庵野秀明展』図録（朝日新聞社、2021）

や機械や人や植物の、ぼくなりの言い方をすればただ身も蓋もなくある、そのあり方であって、それはカメラという非人間的視線でモノとしての現実を捉えようとした態度である。それは冷静に考えれば機械美への高揚と本来、無縁である。未来派は戦争そのものを表現の対象とするとうそぶいたが、彼らの機械は生産を描けなかった。このような新即物主義が機械的リアリズムを以て捉えようとした「世界」を、庵野というよりおたく表現は持ち得ない。「カメラを持った男」が捉えようとした「日常」や「生活」を持たない。

無論、ソビエトや日本ファシズムのプロパガンダが主張する「外」や「事実」や「生活」も新即物主義が捉えようとした身も蓋もないものとは縁遠い、イデオロギーからなる虚構に過ぎない。おたく表現と同じ技術体系を持つ宮崎駿がおたくたちに殊更「現実」を持ち出しマウントをとるのもその描き得るファクトは戦争美以外にないからである。

そのことを忌避するためジブリは殊更「日常」や「生活」をアニメーション表現の中核に置いてきた。それが機械芸術論的に見た「第3村」の出自になる。

このように、『シン・エヴァ』の問題は、その工学的方法によって受け手、そして作り手自身を連れ出す「外」の不在である。

いや、外はある。それはラストの庵野秀明の故郷の駅ではないか、という反論もあるだろう。しかしあの駅そのものがＫＡＤＯＫＡＷＡが富野由悠季を担いで組織した醜悪なアニメツーリズム協会によってたちまち「聖地」に認定され、されずともファンによって「聖地」化され、ヴェルトフが嫌悪した資本主義システムに見事に回収される質のものではないか。

その予定調和までが、徹底して工学的方法でしかないあの映画の工学的目論みに他ならない。

そういう「世界」への批評として受けとめておく。

第二章

第3村問題と郷土映画

1 『シン・エヴァ』に於ける再「物語」化

『シン・エヴァ』のある種のわかり易さの原因は定型化された物語構造の援用にある。一方ではオンライン上に「正確」を求め様々な「考察」を産む適度な「難解さ」を持ちながら、他方では、鑑賞後は多くが容易に感動しうる乖離は、例えば宮崎駿『千と千尋の神隠し』に既に見られたものだ。このアニメもまた、「油屋」や「カオナシ」なりの舞台やキャラクターの行為の持つ寓意など、細部の表象の水位では難解さに満ちあふれながら、しかしこの作品が興行収入に於いて三〇八億円、観客動員数二三五〇万人とジブリ作品の中でも突出していて、「わかり難さ」と「わかり易さ」の共存という点で、ある意味『シン・エヴァ』と同じ性格を持つ。

両者に共通なのは、神話あるいは民話的な物語構造の精緻な運用とそれがもたらす「わかり易さ」である。オンライン上のファンによる「考察」が細部に於いていくら多義的になされようが、それらは結局、一つの物語構造の中に収斂していくので、受け手は構造そのものを作品のメッセージとして理解し(と言ってもそれは「物語」のコードがただ共有されるに過ぎないが)、それが容易に「感動」を起動するのだ。こういった物語論的なシナリオの構造化による感動の創出は、断片的なイメージをビデオコンテでコラージュする手法による映像制作を常としていた新海誠が、『星を追う子ども』でのシナリオへの物語構造の意図的な実装実験を経て、『君の名は。』以降、ストーリーテラー化した例にも見てとれる質のものだ。やはりそこでも物語構造が「感動」を自動化して誘発する仕掛けが駆動している。

こういった作者の変化自体は、即ち、極端な細部への言及からなる思わせ振りな断片の羅列から受け手に物語消費論的に表象を物語構造に収斂させることによる作者のストーリーテラーへの変容を、身近な例として考えてみると、前世紀であれば、村上春樹の初期三部作の三作目『羊をめぐる冒険』に於ける村上春樹自身の言を信じるなら探偵小説的な、しかし恐らくはジョゼフ・キャンベルの単一神話論の形式の援用による「わかり易さ」＝大衆性の獲得に成功した事例や、同じく中上健次の劇画原作『南回帰船』を含む末期作品に於いて、批評家によって物語の脱構築の果敢な実践と見なされた、ストーリーテリングの空転やキャラクター造形のステレオタイプ化といった事例を懐かしく思い起こせるだろう。同時に新海、庵野による物語構造の「実装」による感動装置化は実は二〇〇九年、村上春樹が『１Ｑ８４』によって先行して行っている（大塚、二〇〇九）。この作品によって村上は彼の読者の総入れ替えに成功している。

その意味で『シン・エヴァ』は、八〇-九〇年代文学の記憶がウォッシュされ白紙化された後としての現在における、奇妙な反復としてある、とひとまず言える。こういった表現全般の再「物語」化ともいうべき現象が、二〇二〇年の現在に何故、必要とされたかは、世界史記述の再「神話」化と個人の物語の再「教養小説」化が、一方では偽史や陰謀史観の氾濫と乱反射、他方では「私」語りのカジュアルな多元化などといかに呼応しているのかをひとまとめにすれば、何かそれらしい批評が書けるのだろう。しかし、それはオンライン上にあふれ返る『シン・エヴァ』の「批評消費」とでもいうのか、データベース消費的「考察」における、刹那のマウント取り以上の意味を恐らく持ち得ない。

だから繰り返すが、本書の関心はそこ、つまり『シン・エヴァ』の意味内容にはなく、従って「成熟」も「喪失」も伏線の回収も各自、好きにやってくれ、というのが基本的な立ち位置だ。

それ故、この章で扱う、小声による困惑や物議と大きな感動を以て迎えられた「第3村問題」の映像史的背景という問題に立ち入る以前に、そもそも第3村のシークエンスが必要とされたかは、こういった神話的構造の援用が自動的にもたらした事態だとまず述べておきたい。まさに「事態」でしかないのである。

つまり「第3村」は物語論的に言えば物語構造、即ち、具体的にはエディプス神話の構造から演繹的に『シン・エヴァ』に「実装」されたものである。

『シン・エヴァ』では主人公碇シンジの目的が父碇ゲンドウ殺しに明瞭に設定される。しかし、それは第三者（つまり「母」である碇ユイ）により代行される。その結果、物語構造が「父殺し」は回避され、インセストタブー、つまりアヤナミ（仮称）という母のレプリカントや、過剰な負の母性の表象としてのアスカから未成熟な身体の持ち主との代理的結婚ではなく、作中でエディプス王の母イオカステの名を連想させもするイスカリオテの名で呼ばれる、成熟した母性としてのマリとの「結婚」が達成される。それが「感動」を起動する。とはいえ、このような劇的なシンジの父殺しの回避／代行と母子相姦の達成は、例えば戦後文学史を補助線としてサブカルチャー文学論的に論じるなら、石原慎太郎から村上春樹『海辺のカフカ』を経ての構造的な反復に他ならない。

そして繰り返すが、そのような「感動」に本書は無関心である。

重要なのは「第3村」は『シン・エヴァ』にこれら神話の構造を導き入れた結果、発生した物語要素である、ということだ。何か、「現在」の切実な反映として導入されたものではない。『シン・エヴァ』が物語構造としてエディプス神話を援用した以上、第3村のシークエンスは自動的に発現されたものである。そのことをまず、徹底して念を押しておきたい。

そもそも『シン・エヴァ』のストーリーラインが、息子シンジが忌避し続けていた父ゲンドウ殺しの決意、つまり、リピートする物語のやり直しとしてのエディプス神話のリセットにあるとすれば、主人公は神話の構造に導かれ、己の運命の発覚後、娘二人と放浪したエディプス王（アスカとレイは母／妻／娘とインセストタブーの表象として自在に置き換え可能である）の如く、まず、荒野を放浪する必要がある。事実、それが描かれる。

そして、ソポクレスがテーバイ王家を描くギリシャ悲劇三部作「エディプス王」「コロノスのエディプス」「アンティゴネー」の三作の一つ、老いて盲目となったエディプスが娘アンティゴネーに連れられてコロノスの森に辿りつくごとく第3村に至る。そこにもう一人の娘も合流するが、ギリシャ悲劇であればそれはエディプス王の物語の終焉のシークエンスであるが、その巻き戻しとしての『シン・エヴァ』に於いては、コロノスの森は同時にエディプス王が物語の冒頭で流離され流れ着く羊飼いの村に他ならない。物語はエディプス神話の終盤のコロノスの森を経て、そして、再び彼は物語がリセットされる場所としての流離された先の羊飼いらの許に拾われる地に至る必要がある。物語の果ての地がリセットの地に置換されるわけだ。そのようにして「第3村」は物語構造が召喚した、といっていい。

だから「第3村」はハリウッド映画に於いて文法化したキャンベルのヒーローズ・ジャーニーに従えば「父殺しのリスクから最も遠く離れた場所」であり、それ故、代理的な母性に満ちあふれていなくてはならない。『千と千尋の神隠し』でいえば銭婆のいる家である。孤児としてのエディプスはくるぶしを突き刺されて流離されるが、マックス・リュティに従えば神話や民話の外的な傷は内的な損壊の象徴であるから、第3村でのシンジ／エディプスの役割は旅立ち可能な状態への再生であり、「母胎」からの旅立ち可能な程度の成熟の達成である。

再確認すれば『シン・エヴァ』は冒頭、シンジによる父殺しという主題のミッション化、つまりその目的の再認識から始まる。TVシリーズ、旧劇場版、『シン・エヴァ』の前作に至るまで「逃げる」ことが主題化されていたのが、「戦う」というモードにリセットされる。キャンベルの単一神話論が重要視する「冒険への召命」、つまり大人への旅立ちの前の永きに渡る留保としてそれ以前の「エヴァ」は構造的にはある。その「成熟」の意志決定の場として第3村はある。その永すぎる留保は作家論的に興味深かった（と過去形で記す）が、それが物語構造の実装によりリセットされた時点で作家論は無効になる。庵野秀明に於いては是非は各受けとめ手の審美の問題だから何も論じないが、その「方法」はより工学化していく方向にある。物語構造の実装も工学化の一部であることは忘れるべきではない。言うまでもなく民話の構造はロシア・アヴァンギャルドと同時代にソビエトで発生した工学的文学理論であるからだ。しかし、『シン・エヴァ』はエディプス神話の王殺しの子供の予言に始まり流離へと連なる物語要素の配列の順と逆ではないかと見る向きもあるだろうが、そもそもソポクレスの戯曲「エディプス王」は王の座にあるエディプスが父殺しの犯人と名指しされ自覚していく物語構造を、倒叙法的に逆回しするものである。

従って、第3村が村外に使徒の亡霊が跋扈する神域であり、同時に母性的な「生産」をスタジオジブリ的に強調した「農村」であることも、エディプス的物語構造を実装した結果出現した「場」に他ならない。

だから、もう一度、念を押すが、このシークエンスに感動する受け手は構造から感情を起動させられたに過ぎない。

対して、「第3村」の描写にある種の全体主義的な匂い、その点ではジブリに比せば宮崎駿より高畑勲的なイデオロギーを感じる者が恐らく少なからずいたはずである。それはソビエトの集団農場的、つまり、高畑勲が『太陽の王子　ホルスの大冒険』で描いた、働かないことが悪とされる協同労働の村であり、『おもひでぽろぽろ』の故郷を持たないヒロインを「嫁」として協働の働き手として強引に回収するムラでもある。アヤナミレイ（仮称）は高畑ヒロインの如く農村に回収され、かろうじて萌芽した彼女の個は身体とともに消滅する。これを新体制下の集団農場や満州に於ける開拓村、あるいはヤマギシ会などの戦後の自然回帰的なコミューンなど、重ね合わせる全体主義的なムラの具体相は世代や政治的立場によって様々にしても、そこに共通するのはある種のファシズム性に他ならない。そして重要なのは、そのファシズム性だけはしかし物語構造が導き出したものではない、という違いだ。

　だからこの時、留意すべきなのはこの第3村に感じるファシズム性が、物語構造が導く感動によって共感・肯定として結びつくことで、その結果、この映画は予期せぬ政治性を獲得する、という仕組みである。本書ではおたく表現が無自覚に帯びる政治性を作者の意図とは異なる水位で、方法や美学の産物として特定していく。それ故、第3村の感動が物語構造が自動的に起動するのに対し、同時に召喚されるファシズム性や結果的政治性は別の様式（すなわち文化映画性）によってもたらされることの違いに注意が必要だ。

　そもそも本書の目的は機械や身体の機械芸術化を通じてオクタ的表現のファシズムへの脆さを指摘することにあるが、実は同じ政治的脆さが第3村という反文明的なシークエンスに於いても露呈するのである。実はそれは「第3村」シーンが採用した「映画」としての形式性に問題がある。具体的には「郷土映画」という形式であり、歴史的にいえば戦時下、漫画映画、瀬尾光世『桃太郎　海の神兵』（一九四五）【図1】によってアニメーションにも実装されたものだ。その点で実はこの映画は「郷土漫画映画」という限定的な意味に於いて『おもひでぽろぽろ』から『シン・エヴァ』に至る系譜の起点としてある。

それ故、本章は、『桃太郎　海の神兵』に於いて実装された「第3村」的なものをめぐり、もっぱら映画史的な議論に徹底して終始する。

2　戦時下に育まれた手塚治虫の映画理論

そのことを考える上で私たちは戦時下、「漫画映画」に何が起きたかを改めて知る必要がある。それは一言で記せば「文化映画」と「漫画映画」の統合である。それは一つには以前、ぼくが「ディズニーとエイゼンシュテインの野合」と呼んできた例えば「遠近縮小法」や、動画であらゆる角度から対象を描く、つまりアニメーター自身の「カメラを持った男」化であり（だから実際に落下傘で降下したという説さえある）、同時に動画をカメラワークで再現するアニメーション技術である【図2】。それらを統合して「事実」（無論、プロパガンダするイデオロギーの側にとっての）をモンタージュする方法や、戦闘機や工場を「美しい」と感じる機械美、そして、エイゼンシュテインが当時、言語化し損ない、しかしマルチプレーンという「機械」が揃いとったレイヤーと透過光の画面内のモンタージュ技術などの「実装」である。

しかし、こういった機械芸術性の実装による漫画映画の文化映画化については繰り返し述べてきたので、必要以上に繰り返さない（この「繰り返し述べてきた」のフレーズが本書で繰り返されるのは、本書がこれまでぼくが散発的に論じたことの語り直しに他ならないからだ）。

戦時下の国策アニメーション『海の神兵』が研究対象として重要なのは、そこで採用された方法や達成した美学がアニメーションという限定的な領域に留まらず、戦時下の表現のあり方の根幹に関わってくるからである。従ってこの作品のあり方を検証しようとすれば、否応なくアニメーションという領域やその歴史という限定的な視座を放擲することを求められる。だからといってぼくはこの期に及んで、アニメーションの脱領域的な学術研究を主張するつもりは微塵もない。アカデミズムが対象を任意の領域ごとに専門化の名目で分断し、その上で、わざわざそれを「横断」したり「学際的」に研究することを唱える愚かさにつき合う義理はない。

そもそも、この映画は最初から、アニメーション及びその歴史に収まりようのない存在として目論まれていたのである。その事実は、当時のリアルタイムの受け手の一人によって正確に受け止められ、書き残されていたことについては、幾度も注意を促してきたはずである。第一章で引用した手塚少年の日記の同じ箇所を再び引用する。それはこの一節だけが漫画映画への文化映画の実装問題にリアルタイムで言及し得た例外的な批評だからである。

四月十二日（木）晴れ　暖かし
今日は工場を休んで松竹へ映画を見に行った。「桃太郎　海の神兵」がどうにも見たくてたまらなかったのである。（中略）やがてニュースに続いてマンガが始まった。まず第一に感じたことは、この映画が文化映画的要素を多分に取り入れて、戦争物とは言いながら、実に平和な形式をとっている事である。
（中略）
次に感じたことは、マンガが非常に芸術映画化されたことである。即ち、実写のように、物体をあらゆる角度から描いてある。（中略）また映画の筋もこれまでになく判きりとしていて、マンガというよりも記録の一種であった。（手塚、一九四五）

この一節から手塚が、戦時下の映画理論を教養として受け止めていることをぼくは繰り返し主張してきた。ここでは手塚はその映画理論的教養で『海の神兵』を解釈している。それだけでなく、「ストーリーマンガ」の「ストーリー」、「まんが記号説」の「記号」といった、戦後の手塚治虫のまんがが理論用語の多くが、戦時下の映画用語に出自があることは繰り返さない（大塚、二〇一八）。しかし、手塚がこの一節において読みとった「文化映画」であることで担保される「芸術映画」性こそは、ぼくが「ディズニーとエイゼンシュテインの野合」（大塚、二〇一三）という言い方で、その所在をいささか挑発的に指摘してきたものに他ならないことは既に述べた通りだ。それはより具体的に言えば、ディズニーに代表されるハリウッド産アニメーションと、モンタージュに代表されるソビエトの映画理論、その援用であるナチスドイツのプロパガンダ映画における方法と美学の統合のもたらしたものだ。その「方法」「美学」は言うまでもなく「文化映画」にも採用された。

「文化映画」とは改めて概観するが、ドイツのウーファ社の科学啓蒙映画が日本で国策映画化していくことで成立したジャンルである。映画法（一九三九年）によって「強制上映」（実際には税法上の優遇）が求められた、ニュース映画を含む記録映画や広義のドキュメンタリー映画を含む、戦時下の半ば忘れられた映画ジャンルである。

この「文化映画」が「芸術映画」でもあるのは、ざっくりとひとまず言ってしまえば、その技法が最先端のソビエト映画理論や社会主義的なドキュメンタリー映画論の援用にある「前衛」「先端」とされたからである。つまり手塚は用語だけでなくこういった文脈も相応に理解していた。このような戦時下少年の映画理論における早熟さは、レニ・リーフェンシュタール『オリンピア』に「数学的」な「規則」そのものの美学を見出す作文を残した学習院中等科時代の三島由紀夫にも見出せるものだ（三島、二〇〇三）。三島はその作文で戦時下の映画理論にも影響を与えた機械芸術論を以て映画を語っているのである。

『海の神兵』はこのような意味で、文化映画とディズニー様式のアニメーションの「統合」によって成立した。そのことを手塚は焦土の映画館の客席から正確に読みとったわけだが、文化映画の方法の漫画映画への「実装」はこの映画の演出を担当した瀬尾光世の目論見でもあったことはひとまず確認しておく必要があるだろう。

瀬尾は、一九四四年『映画評論』の小特集「漫画映画発展のための諸問題」に政岡憲三、前田一とともに寄稿、制作中の『桃太郎　海の神兵』についてこう述べているのだ。


これは、海軍落下傘部隊のセレベス島メナド攻撃を主題にしたもので、ある程度の文化映画的実証性を取り入れる心算であるが、それとても余りに娯楽的要素に欠けていては漫画映画の本質を失うし、娯楽的要素と文化映画的要素の巧みな融合が芸術性を介して新らしいタイプを生み出したいと思っている。

（瀬尾、一九四四）


瀬尾の発言からは、アニメーションの娯楽性と「文化映画的実証性」の「融合」が『海の神兵』に求められていることを充分、承知していることがうかがえる。そして、それによって新しい「芸術性」を持つ映画を誕生させようとしているとまで言う。それは必ずしも国策に沿って言わされているというより、瀬尾なりの自負であり、実際に達成されたことは、手塚がその意図を同じ用語とロジックによって理解していることでも明らかだ。

この特集に於いて、政岡は制作体制やアニメーター育成への支援、前田もアニメーション製作に於ける企業の体制と、もっぱら国策化のためのインフラの必要性を訴え、申し訳程度に

「日本的」特性の必要性について触れる。対して瀬尾は、アニメーションが現在求められるのは「国内少国民娯楽と啓発に、そして南方映画界へ役割」であり、それを果たすべく『海の神兵』を作り、以上の目的を幾分かでも実践したいと思っている」と自作が国内及び南方向けの文化工作のツールであることをまず全く隠さない（瀬尾、一九四四）。

瀬尾は「南方諸地域に於ける米国漫画映画の普及状況」から考えてアニメーションによる文化工作の有効性を説き、「彼らの芸術として喜ぶ影絵芝居」の採用、「我国の伝承童話や伝説と一脈相通ずる」「擬人化」された動植物の登場するモチーフの採用などを主張し、周到に『海の神兵』の一部での影絵アニメや擬人化されたキャラクターの採用さえ合理化していくのだ。瀬尾は更に、アメリカが戦時国債にドナルド・ダックを用いたことを引き合いに出し、そのプロパガンダと「我々も戦うべき」だと主張することをも躊躇わない（瀬尾、一九四四）。このように瀬尾は「文化映画」という政治的文脈の中で自らのアニメーションを積極的に位置付けるのである。瀬尾が擬人化、次章で述べるディズニーの本質としての原型質性の政治化について言及していることはもっと驚かれてしかるべき問題だ。

瀬尾にとって「漫画映画」の「文化映画」化への言及は、国策の圧力への表面的な面従に過ぎないという擁護は可能かもしれないが、たとえそうであったとしてもその結果の「達成」は事実として否定しようがない。アニメーションは宣伝工作の「武器」として位置付けられることで、否応なく宣伝工作の手段としての「文化映画」の一領域となる運命にあった。

この一連の瀬尾の主張は、戦時下の映画理論家・今村太平の議論に極めて近いことにも注意が必要だろう。今村の漫画映画論もまた単なる批評でなく、「応用工学」的に読まれる余地があったことには「注意」が必要だ。戦時下の卓越した批評は常に応用工学化するものである。

このような『海の神兵』の「文化映画」化は、戦後のスタジオジブリに至る、あるいは庵野秀明や新海誠が自覚的に、もしくは無自覚に継承している方法論や美学の多くをつくりだしたことは否定しようがない。その概略だけ記すなら、アニメーションでありながら映画の方法に準拠しようとすることで、一つ一つのショットの中で、カメラワークやカメラアングル、光源といった概念がより記録映画的な精緻さで設計され、あるいは、民衆や建築をローアングルで描く構図（つまり前章の「赤いエッフェル塔」）、鋭角的な画面構成、マルチプレーンによるレイヤー的な奥行きといった、レニ・リーフェンシュタールやセルゲイ・エイゼンシュテインらの「美学」をアニメーション技術で再現しようとした（大塚、二〇一三、二〇一八）**【図3】**。

また、兵器類へのリアリズム的な拘泥も機械芸術論とまでは言わないが、しかし戦時下イデオロギーとして文化映画で推奨された「科学」の忠実な反映である（大塚、二〇一三）。手塚が「物体をあらゆる角度から描いてある」と評したように、アニメーションを「動き」それ自体でなくカメラワークの再現として用いているシーンも同様の実装だ。そうやって映画を準拠して作り込まれたショットを「編集」（モンタージュ）する。それが『海の神兵』の手法であり、ジブリ、庵野、新海らに持ち越された「工学」でもある。

場面転換に時に鳥籠のショットをインサートする小津安二郎ふうのモンタージュを連想させるものもあるのは興味深いが、それは別として、これも指摘してきたことだが、このようなモンタージュへの特化はエイゼンシュテインに端を発した「モンタージュ」を「日本的」とする戦時下の日本文化論によって正当性を与えられていることだ（大塚、二〇一八）。メディア芸術の応用工学化を「日本的」と名付け自らにだらしなく許す悪習はこの時、既にある。当初はアヴァンギャルド的な工学を停滞した「日本的な美」から離脱する術とする議論がなかったわけではないが、すぐに掻き消される。その意味で、『海の神兵』は「日本的」な映画としても達成されていたと言える。

このように『桃太郎　海の神兵』は、敗戦間際のアニメーションに否応なく「文化映画」という文脈を持ち込んだ。それはただ映像の設計に於いて文化映画的である、ということに留まらない。手塚少年がそうであったように「見る側」が「文化映画」やニュース映画、あるいはそれ以外の視覚表現を想起するように、この映画はつくられている点が特徴だ。

それは戦時下のメディアミックスに忠実であるが故の特徴だと言える。というよりは「文化映画」化した戦時下のメディア表現との高度の互換性や接続可能性を獲得したと言ってい゙い゙。

そもそも『海の神兵』は、一九四二年一月十一日、海軍落下傘部隊による、オランダ領東インドの植民地だったセレベス島メドナへの奇襲攻撃を描くものだ。

その終盤、桃太郎が「鬼」たちに無条件降伏を迫るシーンがある【図4】。それは陸軍司令官・今村均中将と蘭印総督チャルダ・ファン・スタルケンボルフ・スタハウエルとの間で行われた交渉の再現である【図５】。両者の交渉での大まかな流れは台詞としてある程度正確に再現されている。この場面は「日本ニュース」第九四号「特報　蘭印遂に降伏」（一九四二年三月二四日）としても当時、映画館などで流されたと思われる。しかし、映像の加減で今村中将の顔は必ずしも鮮明ではない。恐らく、『海の神兵』から多くの人が連想したのはこのニュース映像ではない。

むしろこの『海の神兵』の交渉場面で人々が想起するニュース映像は、同じ「日本ニュース」第九〇号（一九四二年二月二三日）で流された、シンガポール陥落後、山下奉文がイギリス軍司令官のアーサー・パーシバル陸軍中将に「イエスかノーか」と無条件降伏を迫る有名な場面であろう。カメラアングルや桃太郎の演技は明らかにニュース映画としての山下を模している。この場面はニュース映画や戦争画で広く流布した【図６】。つまり人物も戦闘も場所も『海の神兵』では、すり替わっているのだ。

この山下のニュース場面は記録映画『マレー戦記　進撃の記録』（一九四二年、記録映画社）でも用いられている。この映画は児童生徒たちに学校単位で鑑賞され、『映画教育』一九四二年一〇月号では六名の小学生の同作についての作文を掲載しているのが目に留まる。そこでは六名中五名が例えば以下に引用したように山下―パーシバルの対峙のくだりに積極的に言及しているのだ。

敵の軍使がしよんぼり力なく歩いて来た。堂々と肥った山下将軍。相手をぴたりとおさえてパーシバルにぐうの音も出させなかった。「無条件降服か。イエスかノーか」といわれた時のパーシバルの顔はみものだった。しきりに目をパチパチさせてとても困ったらしかった。昭南島の広場に敵の捕虜がうじゃ〱いた。「日本軍とイギリス軍とはこうも違うものか。もしこれが日本人だったら腹を切ってしまうだろう」と思った。（猪俣、一九四二）

子供らは一様にこの場面に高揚し、その印象を文章で再現しようとしていることが窺える。更にこの場面は、音声の一部はラジオでも放送されている。

映像だけでなく宮本三郎の戦争画「山下、パーシバル両司令官会見図」（一九四二）や写真（『大東亜戦争報道写真録：大詔渙発一周年記念』読売新聞社、一九四二）は、新聞や雑誌に繰り返し使用され、また文章としても『大東亜戦記マレー戦線』（河出書房編集局、一九四二）を始めやはりこのくだりが繰り返し描かれている。それは児童向けの雑誌類にも及んでいる。

同じように『海の神兵』の落下傘部隊のくだりもまた、文化映画やニュース映画、戦争画、まんが、あるいは劇映画『加藤隼戦闘隊』（一九四四）でも類似したカットやシークエンスが反復されている。

このように『海の神兵』は、一つ一つの場面が、文化映画やニュース映画などを反復して引用・参照することで、南方とは別に、観客の一部に想定されている日本の児童生徒らの視覚体験を喚起する仕掛けであったと考えられる。

それは子供らの思考や表現に否応なく「文化映画」を求めることであり、手塚治虫少年が「文化映画」的方法を彼の表現に実装していく外的環境の一つにも当然なる。

戦時下のプロパガンダは多メディア間のいわゆるメディアミックスが特徴だが、同一のキャラクターや物語のトランスメディアストーリーテリングとともに、標語のようなワンフレーズやニュースなどの一つの場面のメディア間での徹底した反復がなされることが特徴的である（大塚、二〇一八）。例えば、ポスターや同名の小説だけでなく、高村光太郎の詩の一節にさえ紛れ込まされた一九四三年の陸軍記念日の標語「撃ちてし止まむ」は前者、そして『海の神兵』の山下パーシバル会談や落下傘部隊などのイメージの多メディア間の反復は後者といえる。

この動く映像だけでなく、絵画や写真といった静止画を含めたイメージ間の連鎖は、マーク・スタインバーグがテレビアニメ『鉄腕アトム』とアトムのシールの間に見出した関係である「動的静止性」（スタインバーグ、二〇一五）にも近い。

手塚治虫が『海の神兵』に見出した「文化映画」性や「記録」性は、このような戦時下のメディア経験間の連鎖によって喚起されたものである。そのような「文化映画」を含む『海の神兵』の背後にある膨大なメディア的文脈の探求は、それ自体が戦時下のメディア的知の見取図の再構成にもなり得る重要な研究になるはずだが、それは別の書を参照されたい（大塚、二〇二二)。

3 『海の神兵』と文化映画実装問題

だが、ぼくはこれまでこういった「文化映画」を軸として『海の神兵』を戦時下のメディア環境の中で読みとろうとする際、実はもっぱらセレベス島を鬼ヶ島に見立てた戦場を描く後半のみを参照し論じてきた。しかし実際には、その前半部分は出征前の猿や熊、雉ら四人の擬人化された兵士たちの束の間の帰省風景が描かれるのである【図7】。そもそも前半というのは正確でなく、尺から云えば全体の一八分程度、全体の四分の一に過ぎない。これに対して、ぼくは敢えて冒頭は文化映画の一領域である「郷土映画」に近く、後半は「記録映画」様式であると説明して済ませてきた。

しかし、それは妥当であったのか。

無論、妥当ではない。

正直に言えば、それを論じることは柳田國男の民俗学に於ける文化映画の「実装」問題というやや手間のかかる問題に立ち入らねばならないからであり、釈明をすればアニメーション研究とまんが研究さえ別個のジャンルであり、それはアカデミズムだけでなくおたく的な批評もその対象を学問や批評のアカデミズム化を嗤うそぶりを見せながら限りなくミニマムな細部に閉じていくゼロ年代以降の言語空間で、およそ柳田國男とアニメの双方について論じるエッセイなど語る場所などないからだ。本章のベースになったエッセイもアニメ関連の論集に一旦寄稿されながら困惑する空気が伝わってきたので「撤回」したものだ。

本稿ではだからこの冒頭の農村場面をどう歴史化するか、その参照系としていかなる映画が想定できるのかについて柳田國男を補助線として引きつつ、検証する。そのことで「第3村」的なものの漫画映画への実装問題を考える手立てを提示する。

さて、『海の神兵』の冒頭部分を改めて見た時、確かにそれは「農村」を舞台としている。だとすれば、そこで描かれた「農村」の意味をまず考えなくてはいけない。「農村」がいかにその時点で政治的に位置付けられ、かつ、映画がいかに描くことを求められたのか。

しかし、その前にそもそも論として「文化映画」とはどのようなサブジャンルからなるのか、今では馴染みのない概念だけに最小限のことを述べておく必要はあるだろう。

「文化映画」は、ドイツのウーファ社の教育啓発映画「kultur film」の直訳であり、「教育映画」や「記録映画」といった呼称も用いられた。科学戦に備えた啓蒙が国策化していく中で、科学性がドキュメンタリー映画の記録性とは別のリアリズムとして担保されている。

この国策化した「文化映画」という名称に対し、批評家らは当初、「記録映画」の語を好んで使う傾向があった。それは日本では「文化映画」の名を冠して刊行されたポール・ローサの『Documentary Film』（一九三五）の示した概念が、プロパガンダに全面的に回収される以前のマルクス主義系映画人の琴線に触れたことが少なからず影響している。

一方でそのジャンルは多様であり、それは「文化映画」が官庁や軍など公的機関に支援された啓発映画であったことも理由としては大きい。公的機関の政策啓蒙がその対象を自ずと決定するのだ。例えば「逓《てい》信省映画」や「鉄道省映画」といった省庁名を冠したサブジャンル名が使われることもあった。『海の神兵』はクレジットに「海軍省後援」と記されているが、「海軍省映画」という言い方はあまり見ない。太平洋戦争下、海軍は漫画映画を確実に支援している。だから、文化映画を後援する省庁はかなり広く、例えば大蔵省「指導」による『アルコール』(一九四九)のような作品もあった。近衛新体制以降は内務省情報局、大政翼賛会や、様々な公的機関の関与でより文化工作寄りの文化映画が積極的に作られている。

一方では扱う対象や啓蒙目的から「ニュース映画」「観光映画」「科学映画」「家庭科学映画」「増産映画」「防空映画」「教材映画」などというジャンル的な言い方もある。しかしこれも明確な区分があるわけではない。

文化映画部を設置していた東宝映画株式会社はその営業パンフに「文化映画・宣伝映画・実証映画」という表現が見られる一方で、「文化映画」の多くがフィルム一巻から三巻程度の短編であったため「短編映画」として包括する場合もある。ローサの影響が強い厚木たか、石本統吉らの「文化映画」の代表的映画会社である芸術映画社(GES)の広告には、「記録映画・宣伝映画・広告映画・教育映画・科学映画・漫画」と列記される。「漫画」とは「漫画映画」

であり、つまり「文化映画」の一領域にアニメーションは組み込まれていた。

その点で『海の神兵』は当時の区分では広義の「文化映画」に包摂されるといっていい。「文化映画」の特徴は、科学戦としての来たるべき大戦に備える「科学性」とともに、その上映を求めた映画法（一九三九年）では「劇映画ニアラザルモノ」とあるように、フィクションとしての物語性を持たない点にある。手塚治虫が『海の神兵』に対して指摘したように、「文化映画」は「記録映画」なのである。事実、文化映画（記録映画）は今村太平らによってストーリー様式の劇映画をいわば旧派として、非ストーリー様式としてより先端的芸術的と主張された。手塚の『海の神兵』の感想が「記録」であり「芸術」であろうとするのはこういう文脈を踏まえてである。この芸術性と記録性の共有はジガ・ヴェルトフらの、あるいは新興写真のプロパガンダ写真化に呼応していることは言うまでもない。

しかし、「文化映画」として創られた「漫画映画」の多くは実は非ストーリー様式ではなかった。芸術映画社に瀬尾光世が所属し、瀬尾によって『のらくろ虎退治』（一九三八）、瀬尾に加え持永只仁が参加した『アリチャン』（一九四一）などの「漫画映画」がつくられるが、真珠湾攻撃と鬼ヶ島退治を重ね合わせた『桃太郎の海鷲』（以下『海鷲』とする）（一九四三）【図8】を除けば、殆どストーリー様式である。しかし『海鷲』で実際の戦闘に「桃太郎」を重ねる寓話的プロットは近代以降、日清・日露戦争以降繰り返されてきたモチーフであり、そもそも「桃太郎」の「世界」に対する「趣向」は枚挙に暇がない。『海鷲』が「文化映画」を専門とす

「文化映画」としての『桃太郎　海の神兵』

【図1】瀬尾光世監督『桃太郎　海の神兵』（1945）の「郷土映画」パート

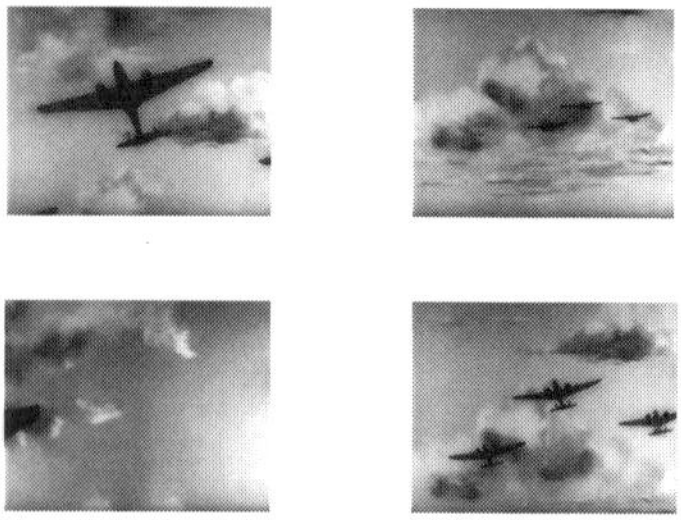

【図2】動画によるカメラワークの再現
瀬尾光世監督『桃太郎　海の神兵』（1945）

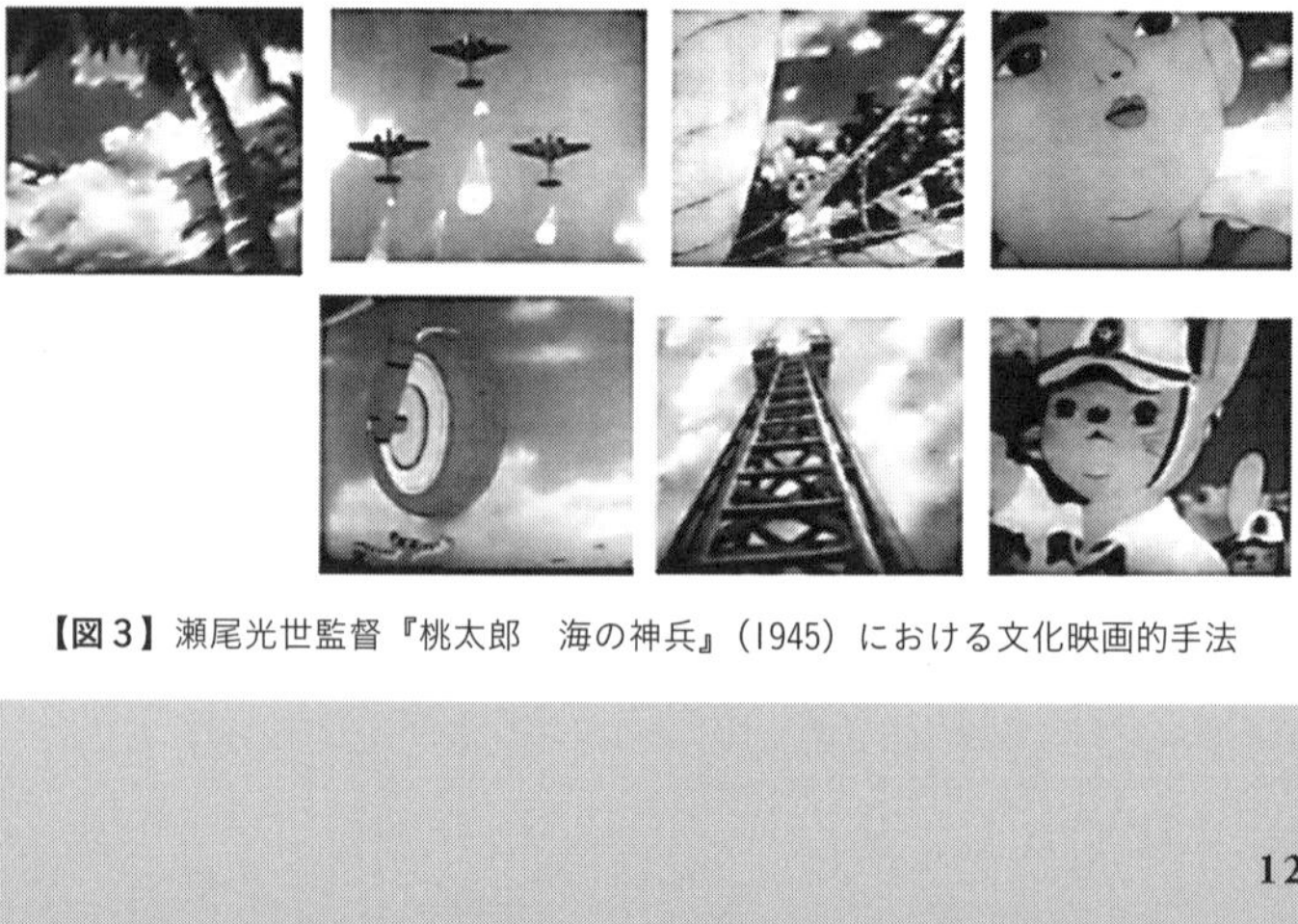

【図3】瀬尾光世監督『桃太郎　海の神兵』（1945）における文化映画的手法

【図4】瀬尾光世監督『桃太郎　海の神兵』(1945) の鬼の無条件降伏場面

【図5】陸軍司令官・今村均中将と蘭印総督チャルダ・ファン・スタルケンボルフとの間で行われた交渉。「日本ニュース」第94号「特報 蘭印遂に降伏」(1942年3月24日)

【図6】山下・パーシバル会談を報じる写真ニュース (『同盟通信社写真ニュース』(1942年2月24日 1688号)

【図7】瀬尾光世監督『桃太郎　海の神兵』(1945) における兵士たちの帰省風景。

【図8】瀬尾光世監督『桃太郎の海鷲』(1943)

るＧＥＳで制作されたのは「漫画映画」であるからである。戦時下、「桃太郎」は繰り返し描かれ、論じられさえする国策キャラクターである。例えば、柳田國男の『桃太郎の誕生』は一九四二年に「改版」が刊行されているのも偶然ではない（大塚、二〇二二）。『海鷲』はそういったレベルでの「桃太郎」の採用はあっても、漫画映画の「文化映画」化という野心は見られないように思える。この点は後に検討するが、『海鷲』では、良くも悪くも、文化映画的リアリズムと漫画映画が棲み分けてしまっているのだ。

他方、『海の神兵』も、「桃太郎」の「世界」（つまり鬼退治という挿話と、桃太郎と配下の動物らのキャラクター）を用いての「趣向」である点は変わらない。鬼ヶ島として見立てる場所が変わっただけである。

しかし、既に見たように『海の神兵』の後半部分はニュース映画などの視覚体験を喚起させるべく無条件降伏場面を含め、ニュース映像を参照し、戦闘機や落下傘降下場面など「記録映画」的に精緻に描写している。前線基地の日常風景も同様にニュース映画などが参照された形跡がある。ところが冒頭部分に限っては、そのような「記録映画」性が見られるのかといえば、そうではないのだ。

映画は猿や犬、熊、雉の四人が帰省するところから始まる。猿はこの時点で「ハルキチ」などと名があるが、後半のセレベス島での場面では、同じ顔の猿の兵士の中に埋没する。つまりキャラクターとしての固有性を奪われるが、冒頭部分では名があり、一応は物語の軸として存在している。

今、物語といったが、実際前半にはかろうじて「物語」がある。しかし、それは昔話「桃太郎」のプロットとは無縁である。即ち兄の海軍帽に憧れた弟がこれを風に飛ばし、追いかけていき川に転落、流される。それを兄と村の擬人化された動物たちが力を合わせて救うのである。村人が力を合わせるくだりを近衛新体制のイデオロギーたる「協働性」とこじつけることも可能だが、実際に「協働」をテーマにした文化映画と比すと映像としては貧弱だ。むしろ「協働」性は後半の南方に於ける統治下の人々の基地建設のシークエンスにある種のソビエト・ロシア的な労働の賛美の表現にこそ見てとることができる。

そもそも戦時下の記録映画が否定したストーリーは、歌舞伎や大衆演劇に出自のあるモチーフであった。それに対して、戦争末期には記録映画様式にふさわしいストーリーとして『罪と罰』など近代小説の視覚化が議論されてもいた。それらと比しても『海の神兵』冒頭部分は、「文化映画」が求められたストーリーとしては脆弱である。戦時下の映画雑誌を見ると映画関係者、アニメ関係者とも口を揃えて脚本の弱さを問題としているが頷けてしまう。

だとすれば『海の神兵』では「ストーリー」でなく、描かれる農村なり郷土のあり方に「文化映画」の反映が何か見られるのか。

「文化映画」に於いて「農村」が問題となるのは文化映画が国策化された一九三九年前後である。その実践として映画史の側の人々ならＧＥＳの『雪国』（一九三九、石本統吉監督）などがただちに思い浮かぶだろう【図9】。先に触れた『アルコール』（アルコール増産用の甘藷の生産推奨をテーマとする）も農村を扱ったものだ。『雪国』は、福島、秋田、山形などの豪雪地帯で二年越しのロケを行い、当時、ローサの主張するドキュメンタリー映画の理想的な体現として評価されたと指摘する向きもある（森田、二〇一八）。しかし、その立ち上げには農林省の出先機関である積雪地方農村経済調査所の協力があったともされることにはここでは注意を促したい。

GESは大村英之助を中心としてプロキノの流れを汲む映画作者が記録映画とアニメーションの双方の制作会社として発足させ、国策化した文化映画の専門誌「文化映画研究」を一九三八年に創刊する。いわばソビエト・ロシア的な記録映画から日本ファシズム下の文化映画へと転向する場であり、外地の国策ドキュメンタリーなどを数多く制作する。そのGESが目指した『雪国』は、以下のようにその理念が述べられている。同作の脚本を担当した栗原有蔵の発言である。

そうだ、少しでもお百姓を啓蒙する映画を作り得るならば、僕達は満足だ、と思う。「雪国」の風俗映画だけでは意味ない。国家的社会的見地から少しでも意義ある映画を作りたい

（栗原、一九三八）

つまり「風俗映画」にとどまらず「百姓を啓蒙する映画」を彼らは目論んでいた。そこに転

向者のかろうじての方便は当然、見てとるべきだ。「風俗映画」とは民俗文化を描写する映画、といった意味なのか。しかし、それを映画法以前、つまり文化映画の国策化より前のまだ自由が担保された時期に、GESの人々がマルクス主義的な実践を試みたと評価するのは早急である。むしろ映画法を契機とする「農村生活」へのポリティカルな介入のツールとして「文化映画」を位置付けていく、その尖兵として『雪国』の啓蒙性はあるように思える。「農村」を表現の対象とすることで彼らの転向は容易になる。

それ故、この発言をした栗原が、GESで『雪国』の後、「産業組合宣伝映画」として『輝く協同』の脚本を担当していることは注意していい。「協同」とは近衛新体制の理論的支柱で「協同主義」の意である。先に「協働」の語を用いたが、同じ意味で「共産主義」を連想させる「共」を用いないことに神経が使われる。映画の題材となった共同農業は一見、社会主義的にも見えるが、実は翼賛体制下でも積極的に推進されたものである。この「協同」という語のニュアンスこそが第3村のアヤナミ（仮称）を巻き込む労働の同調圧力の正体である。それを心地良く肯定的に描くことに政治性がないはずはない。何よりその一点からでさえ、この時点でのGESの性格がうかがえる。マルクス主義的啓蒙が近衛新体制下の国家主義的啓蒙に自然にシフトしていく流れに、GESも忠実であると見るべきだろう。ちなみに栗原は『桃太郎の海鷲』の脚本にも参加している。

その新体制下、農村を対象とした文化映画が政治的課題となっていく。それは映画法成立を見越してGES有志の手で一九三八年に創刊された『文化映画研究』が、翌三九年の一年、ほぼ毎号、農村と映画をテーマに何らかの記事を組んでいることから何よりうかがえる。

この農村と文化映画という問題は当時、大別して二つの課題が立論される。

一つは映画館がなく興行網の外にある農村にいかに都市部と同様に映画を提供していくかという文化の格差の問題である。実は映画館というネットワークは戦時プロパガンダに於いて重要である。例えばいわゆる南京虐殺後、死体の回収を終えるか終えぬかのうちに日本軍は自らが破壊した南京の映画館復興のための調査を行いもしたのである。しかしこの映画館問題は今回は触れないでおく。

もう一つが「農村」をいかに何のために文化映画の対象として描き出すかという問題である。

そこに当然だが政治性がある。

『文化映画研究』の議論でも後者に重点が置かれる。

もう一誌あった文化映画専門誌『文化映画』でも、農村を対象とした映画が少し遅れて扱われる。同誌の農村と文化映画をめぐる記事では、一九四二年七号の特集「地方文化と文化映画」が目につく。興味深いのは、そこに早川孝太郎や江馬修といった柳田國男の民俗学と縁があった人々が寄稿していることだ。「文化映画」と柳田民俗学の接近が農村「文化映画」の試行錯誤の周辺で起きているのである。

『文化映画研究』の寄稿者は、映画評論家が多く、『文化映画』（映画日本社）は現場の製作者が多いとされる（森田、二〇一八）。それ故か『文化映画』誌上には早川らも学者や作家でなく、実践者として登場する。

その点は重要である。

早川は、元は画家志望で、柳田國男の弟でもある画家・松岡映丘に師事した。その縁で柳田門下の民俗学研究者に転じ、渋沢敬三のアチック・ミューゼアムの同人として民俗調査を行った。この次期には、代表作『花祭』（岡書院、一九三〇）をまとめ上げていた。しかし、注意すべきは、この特集内で記されている「農村更生協会」なる肩書きである。

それこそが早川の国策実践者としての顔なのである。

では「更生」とは何か。これが曲者なのである。

昭和初頭、世界経済を破綻させた経済恐慌に為す術のなかった日本政府は、わずかの補助金交付と引き換えに、経済的ダメージの甚大であった農村漁村の自力での「更生」を促した。それが農村漁村更生運動である。その推進のために一九三二年、農林省に経済更生部が置かれ、更に一九三四年、農村更生協会が設立された。

この更生運動は農山漁村経済更生運動と名付けられる。世界恐慌を契機とし二・二六事件の要因の一つにさえなる昭和初頭の農山漁村の経済的破綻は、本書で呑気に記述してきた新興芸術運動やプロキノなどのマルクス主義芸術運動と同時代の現象である。これは一律一町村辺り百円の補助金を出して、自治体ごとに経済更生委員会をつくり、農業経営の合理化や生活改善を図るもので、「民藝」もそういった経済を回す手段として名産品の生産などに短絡的に結びつけられるようである。

しかしそれは結局のところ「経済更生ヲ図ル為隣保共助ノ精神ニ則リ」、農村に入り込んだ資本主義経済が彼らに負わせた負債を整理組合を以て清算させるためのものだが、問題はその政策の軸があくまで「精神」にあった点である。現在の国策に従順な現在の有権者からも顰蹙を買った菅政権下の「共助」「自助」の出自が「隣保共助」「自力更生」にあり、「民藝」運動や転向者の文化映画はそこに寄生するのである。

先の早川は一九三六年に、同協会の嘱託となったとされる。同協会は国が農山漁村自体に経済的支援を行うのではなく、農業知識や簿記の指導によって「自立更生」を計るものであった。早川は事実、簿記指導に各地を奔走しつつ民俗調査を行っている。一九四〇年には朝鮮・満州・蒙古・華北の農村調査、一九四一年からは長野県で満州開拓民の送り出し事務に従事する。これは「更生運動」が政策的には満州義勇兵の送り出しと結びつくという文脈を理解する必要がある。

このように民俗学がディッレッタンティズム的な趣味ではなく、社会改革運動に接近する中で国策に合流した戦時下の民俗学者の一人が早川である。

それ故、この早川の立ち位置が『雪国』の啓蒙の性質を物語っているといえる。

そもそもGESに協力した積雪地方農村経済調査所は一九三三年、積雪地帯に特化した農業経済の「更生」を目的として発足した組織だ。大村英之助はGES発足後の一九三八年二月、後述する積雪地方農村経済調査所を中心とし組織化された「民藝の会」に参加、そこに柳宗悦らが加わる。だから「民藝」なるものの政治性もまたこの文脈を忘れると見えてこない。農村経済学の専門家とともに考現学の今和次郎、民藝研究の柳宗悦も同機関の「研究」に参画し、研究領域化する。ちなみにその研究施設跡は現在も残っている。

このように『雪国』製作もまた農林省の「更生」運動に実は組み込まれていたのである。それを踏まえての栗原の「啓蒙」発言なのである。それは映画史単独で、ローサの左翼性を根拠に文化映画『雪国』を論じても見えてこない側面である。

少し、早川の議論を追ってみよう。

早川はまず「映画に対する期待」としてこう言う。

社会科学が実験上同一現象を再現して比較研究を為し得ないことは、自然科学に対して大きな質的欠陥である。そうした意味から云っても、或種の現象を器械的に固定化し保存する事は、是非共必要である。次には当事者自身には判り切った事でも、之を第三者に理解させるとなると、言葉や文章では骨ばかり折れて充分な効果を期待出来ぬ。（早川、一九四二）

映画に「科学性」を期待し、それが「比較研究」を「社会科学」において可能と早川は考えている。この時、「比較」という語からこの時期比較研究を重んじた柳田の影を感じとってしかるべきだろう。それは柳田の方法意識を示す代表的な用語の一つであるからだ。しかしそこから民俗を「記録」する映画を早川は期待するわけではない。

その点で、早川が「第三者に理解させる」という言い方をしていることに注意すべきである。早川は大政翼賛会から「米の生産」をテーマとする文化映画製作の相談があったとも記す。しかしそれは文脈からして、米の増産や生産体制の科学化の啓蒙が目論見のものであったと考えられる。その意味で純然たる「文化映画」である。それは農村に住む人々を直接対象とした啓蒙目的である。

しかし、早川が鑑賞者として考えるのは農村外の「第三者」である。では、一体、何を誰に「理解」させるのか。

「何を」は以下の通りである。

（中略）米を作る人々が、どんなに苦労して居るか、如何にその生命を打こんでいるか、或は収穫の楽しさ、後の新穀感謝の祭りなど、農村を理解させる為には、勿論必要であろうが、単にそれだけでなく、何というか、儀礼としての米作りとでも言ったものである。日本的伝統を基抵として、それを続る人々の生活や行動の現われである。それは或意味での日本的伝統の象徴であり、日本農業の精神的基調である。そういう意味のものである。

（早川、一九四二）

つまり「日本的伝統」「精神」である。

そもそも更生運動の「自力更生」の実体は精神論である。簿記などの実務の指導を行った早川はその点で誠実すぎる程に誠実だが、要は「隣保共助」の美しき習慣で自助努力せよ、という政策なのだからその拠り所として、「日本」という精神性に容易に至ってしまう傾向がある。事実、「更生運動」として神社の清掃や参拝が盛んに行われ、そこに交付された予算が注ぎ込まれる例もある。地域の伝説集・民話集も盛んにつくられた。

それではこの「日本的伝統」なり「精神」を「誰に」伝えるか。

之には単なる現状の記録では能わぬ点も多いから、或程度は模擬的に複原も図らねばなるまい。それにはしっかりした台本を用意する事が肝要である。そうして農村生活がいかに娯しいか苦しいか、共同作業に於ける個人の持場の分担が如何に厳格であるか——そこを対象に、労働の娯しさ、責任の重大さ、更に社会道義等を理解させる。要するにそれ等は、日本的偉大な構想の下に、その民族的伝統の所在を最も具体的に卒直に、象徴化せるものである。

そんな旧式な農業などを主題にして例の東亜共栄圏内の他民族に見せたら、折角の日本文化に誤解を招くなどと仰言る向もあるかも知れぬ。しかし雄々しい赤裸々の姿を見せる事が、

お互いを理解する上に、最大必要であると、私などは信じている。（同）

つまり早川は「大東亜共栄圏内の他民族」に発信することに農村文化の文化映画化の意義があると主張する。それが「誰に」の答えである。

このような早川の見解、つまり「第三者」としての共栄圏の観客の存在は、『海の神兵』の理論的根拠となったとも思える今村太平の『戦争と映画』（第一芸文社、一九四二）や、先に引用した瀬尾の文章にも共通の「文化映画」の受容者として主張されるものだ。「第3村」が若い世代には比較的軋轢なく受け入れられるのは、現在のこの社会をだらしなく包む「日本」の所在と当然、無縁でない。

「文化映画」の啓蒙の対象としてこのような共栄圏があり、更に言えば「文化映画」は共栄圏に於ける情報空間の構築にこそ目的があった。そこに向け「日本」と名付けられるコンテンツを発信する、いわば戦時下のメディアミックスのツールが「文化映画」である。

この、日本的なものを抽出する装置としての農村映画というイメージ、そして、既に指摘した大前提としての「更生運動」という文脈はこの特集に寄稿した他の論者にも共通の論点である。

しかし、その一方で彼らは農村やその文化を対象としたその文化映画に単独の名を与えてはいないのだ。文化映画、記録映画、ニュース映画などといった形式の科学性をもっぱら問題とし、それを農村の社会・生産及び精神の「更生」と結びつけるのである。

その中で農村「文化映画」に例外的に名付けを行っているのが江馬修である。江馬はそれを「郷土映画」と呼んでいる。

江馬は小説『山の民』で知られるプロレタリア文学出身の作家である。特高に逮捕後、故郷の飛騨高山に戻って、郷土史を民俗学・考古学的に研究する雑誌『ひとたび』を手がける。同誌をともに「運営」したその妻・三枝子は柳田の門下の一人であり、それもあり、同誌には柳田以下の多くの民俗学者が寄稿する。

江馬が柳田の学問と縁がある以上、「郷土映画」と名付けた映画のあり方についてこう語るのは当然であった。


実は、文化映画「飛騨びと」の製作をお手伝いしながら、つくづくと考えたのは、こうした郷土映画を、我々郷土のものの手で製作することができたらどんなに良かろう！　という事だった。これは単に空想以上に出られない事だろうか。郷土のことは口幅ったいようであるが、我々はふだんに調査もし研究もしているのでよく知っている。従って選択すべき題材についても豊富に持っている。さらにそれをシナリオに作ることについても、或る程度の自信を持ち得る。

（江馬、一九四二）

柳田國男が、彼の学問を民俗学とは自ら積極的には呼ばなかったことはよく知られる。その一方で、地方に住む青年たち、即ち「郷土人」が自ら「郷土」を研究する「郷土研究」を提唱していた。それを平易に説いた「郷土研究の方法」は、大日本連合青年団が地方の農村の青年団の自己研鑽用に刊行していた『青年カード』というパンフレットシリーズの一つとして刊行されている。そこで柳田はこう説いているのである。

郷土研究に当る人々は、十分郷土研究の意義がわかっていると同時に、言語に拙ない郷土の老幼男女の心持を、顔に表われる感情を透して看取し得る程の人でなければならない。(中略)目と耳とでは、説明もつかず、事物の原因もわからず、疑問の起る心意の問題、私の同郷人の学と呼んでよい部類に属するもので最も微妙な心意感覚に訴えて、始めて理解出来る所の、所謂俗信等も含まれており、是は同郷人同国人でなければ理解の出来ぬ部分で、自分が郷土研究の意義の根本はここにあるとしているところのものである。(柳田、一九三四)

柳田は郷土人にしか理解し得ない領域があり、だからこそ、郷土人の郷土研究を説く。民俗学を学ぶ者にとってはあまりに有名な主張だが、江馬は一つにはこの柳田の「郷土研究」の文脈で「郷土映画」を主張しているのである。

しかし、江馬はこうも言う。

私が田舎へ来て、郷土演劇運動に関係するようになって初めてはっきりと認めたことは、多くの素人というものは自ら知らないで多分に俳優的素質を持っているものだということである。単なる百姓、乃至は娘が、要領の良い注意を与えて暫く練習させると、驚くような演技を示すことが決して珍しくない。そして、良い指導のもとに良い脚本を与えさえすれば、素人は立派な芝居をすることができる、という確信を与えられた。これは私にとって実に貴重な経験であり、収穫であった。（江馬、一九四二）

つまり、ここで江馬が考える郷土映画は創作劇なのである。何より文化映画は非ストーリー映画である、という原則に反するが問題はジャンルの定義論ではない。江馬の主張はより「更生運動」に忠実な映画のあり方なのだ。

江馬はこの小文で飛驒に「郷土演劇研究所」を設立したとも述べている。江馬がそこで試みていたのは村々で娯楽として行われていた「村芝居」の社会運動化である。一見、プロレタリア演劇運動を引きずるように思えるかもしれないが、むしろ、近衛新体制の中で、翼賛会文化部の部長に岸田国士が就任して推進された「素人演劇運動」の実践と言った方が正しい。国民自らが自らの「厚生」（「更生」ではない）のために製作し演じる「厚生演劇」とも呼ばれた。「更生」の手段として福利厚生の共助が推奨されたといえばわかり易いだろう。このような「素人」の創作への動員こそ、近衛新体制の国民動員の中心的な手法であるのは言うまでもない（大塚、二〇一八）。

江馬の「郷土映画」の主張はこのような新体制下の文化運動の動きに明瞭に重なっていく。つまり、江馬は、翼賛運動としての「郷土映画」を主張していたわけである。

このように農村「文化映画」は、「更生」と「厚生」という二つの「コウセイ」国策の上にあったとまず概観できよう。

しかし、言うまでもないことだが、『海の神兵』の農村の描き方には、早川や江馬の主張するような「更生」や「厚生」は見られない。

4　柳田國男のデータベース的映画論

さて、早川や江馬が柳田國男周辺で民俗学に関与した人々であることは既に触れた。柳田周辺の人々が「農村」を主題とする文化映画特集に駆り出されたのは、彼らがただフィールドワーカーとして農村を実践していたという理由だけではない。何よりこの時期、柳田自身が文化映画に接近しているのである。

柳田國男の戦時下については国策に直接関与したのは外地で展開された民族学であって民俗学ではないという擁護論もかつてはあった。しかし文化映画との関わりは、柳田と国策との接近として、不問にできない問題だ。

柳田と国策映画の関わりは、意外かもしれないが相応に密接である。戦時下、映画俳優及び監督以下の技術者への資格付与を目的とした日本映画学校が国策映画学校として設立される。柳田は実際には講義はしなかったとされるが、柳宗悦とともに講師陣に名を連ねている。それも柳田と文化映画との関わりを踏まえて、初めて理由がわかる。何も映画人の一般教養として、民俗学を教える意図ではなかったはずだ。ここで柳田に期待されたのは、あるいはこのカリキュラムに意図されたのは「文化映画」への民俗学の「実装」への協力だった。

映画法成立の年、農村と映画をテーマの記事を連続的に掲載した『文化映画研究』は、一九三九年五月号に柳田國男の「文化映画と民間伝承」と題する談話原稿を掲載している。文化映画と柳田民俗学の接近はやはり、映画法成立時から起きていることがわかる。この号は表4が『雪国』の広告【図10】、本文中にも厚木たか訳のルータの『文化映画論』の広告が掲載されている。そういう文脈の中で柳田の談話は「GESの農村積雪地方の記録映画『雪国』に関連して語られた」（「編輯室より」）ものである。つまり映画法が制定されるタイミングでGESの側から柳田に接近しているのだ。

そこで柳田が問題とするのは、「文化映画の記録的価値」である。冒頭で柳田は撮影に際し村人が撮影の段で「破れ障子」を張り替えたり、「一家そろって晴着を着」たり、「おじいさんが語ることばは、できるだけ標準語に近づけようとする努力が耳につ」く「不自然」を指摘した。

そして、それを回避する方法を柳田はこう提案する。

さきごろ、偶然の機会から、ドイツの映画で野鳥の生活を撮ったのを観たが、あのように望遠レンズを利用するということも、人間の場合では考えられぬし、ここにどうしてもひとつの問題が残されていることになる。

（柳田、一九三九）

望遠レンズで野鳥を撮るように人を撮れという暴論だが、これは柳田の明治期以降の一貫した態度である。人間を障子一枚隔て、そこから洩れてくるひそひそ話を以て人間を描写するのが自然主義だと主張したのが柳田という人だ。柳田の自然主義は自然科学的なのである。それを柳田は文化映画に求める。これはしかし「文化映画」が当時の国策である、来たるべき大戦、科学戦に備えての国民の科学的啓蒙のツールであることを思い出した時、決して不当な主張ではないのである。文化映画は一方ではあらゆる対象の「科学化」を少なくとも方便として目的とするのだ。

人間を動物と同じ「自然」とみなし、外部から距離をとって観察する、という主張はその延長にある。

柳田はこの時既に、民俗学を学ぶ農村の青年らには、郷土人の心は郷土人にしかわからぬと説いているが、同時に本人は徹底した外部からの観察者である。その点で石本らに郷土人の側から描くという意味での「郷土映画」を期待していない。柳田は「文化映画」の「記録」に於ける対象との距離（無論、それは物理的距離ではない）をまず説くのである。

しかし問題は、そのようにしてもたらされる「記録」の目的である。『雪国』は啓蒙を目的化することで更生運動の文脈に合流していることは既に見た。早川や江馬の如き柳田の薫陶を受けた者も同様の選択をしていく。

では、柳田は文化映画に何を求めたのか。

その時、柳田がこの談話で彼の学問を「郷土研究」でなく「民間伝承の学」と呼んでいることは重要である。

柳田はこの談話内で「民間伝承の学」をこう説明している。

西人言うところのフォクロリズムが、文化の進展してゆく段階の比較と総合であるとするならば、現存する各地の慣行の異同を解説し、以前あきらかに我々の間に存在した事実が、如何なる経路を辿って改まり動いたかの歴史を明かにし、新たにこの二つの知識を以て、将来の計画の参考とするには、正しく民間伝承の学に拠らなくてはならないのであって、この場合、我々の採集手帖を埋めた伝承事実が、カメラの眼によって正確にその像を再現できたならば、民間伝承の学は正に鬼が金棒を持つこととなるであろう。（柳田、一九三九）

ここで民俗学あるいは柳田國男の研究者は「カメラの眼」という語を単なるカメラの比喩として見逃してしまう。しかしプロキノ運動からの転向者であるGESの人々を前に「カメラの眼」と言う時、それはジガ・ヴェルトフの「キノ・グラス」以外の一体、何を想起せよというのか。即ち、キノ・グラスという前章で見た「映画的」方法の根本のレベルで、柳田は文化映画の方法を民間伝承の学に実装できないかと呼びかけているのである。このことはこじつけでも何でもなく、この時期の柳田が転向マルクス主義者を周辺に集めていたことはよく知られる。文化映画の担い手の多くは左派の映画運動からの転向者なのである。

それでは柳田がキノ・グラスに期待することは何なのか。

それが「比較」である。

この時、柳田が試みたものが何であったのかを一九七〇年代に映像民俗学を提唱したぼくの師の一人・宮田登は以下の言い方で当時の柳田の方法を形容していると野田真吉によって回想される。

そこで、民俗調査の歴史から言うと昭和九年に最初の民俗調査が全国の山村に対してなされた訳なんですが、その時次のような調査項目が作られている。それは何かというと、この全国五〇ケ村について一〇〇の共通な調査項目を設けて、村の中に入っていって聞こうとし

たんですね。　（野田、二〇〇九）

ここで重要なのは宮田がこれを世界を「再現」する方法だとも加えて述べている点である。つまり世界を細かく分節する。そしてモンタージュする。その方法の所在は柳田の直接の薫陶を受けたわけでもないが、民俗学者である宮田登は自明のこととする。それはカメラの眼が世界の細部に入り込み、そして細分化された画像をモンタージュすることで「事実」＝世界を捉える手法と同じである。

この時、注意すべきはその「編集」が「編年」である、という点だ。柳田の学問が問題とするのは「文化の進展していく段階」であり、それは「各地の慣行の異同」という空間的な文化の偏差を「如何なる経路を辿って改まり動いたか」という時間的変化、つまり歴史に変換する方法論に基づくものである。柳田はこれを「重ね撮り写真」と呼んだこともあったが、地理上に分布する類似した民俗を通時的に再構成する方法は、「構成」あるいは「モンタージュ」で歴史を記述しようとする方法である。その手法は、土器の形態の地域的差異から時系列的な編年を推察する手法を想像すればいい。

だから編年のための資料となる「記録」の採取を何より「文化映画」に期待する。柳田は、談話の末で「文化映画」の「ライブラリー」の重要性を提唱するが、それは「比較研究」と柳田が呼ぶ手法の基礎となる民俗事象ごとのデータベースのことである。柳田の学問はいくつかの学術的側面を持つが、一つには民俗文化のデータベース化という目的があった。それを柳田はこの時点で「民俗語彙」、つまり「ことば」による「名彙」としてまず試みつつあったが、いわば映像の「名彙」づくりを文化映画に期待していたとわかる。

しかし、このようなカメラ・アイによる編集の構成論は文化映画の作り手に理解されにくい。ジガ・ヴェルトフの「キノ・アイ」は共時的に世界を分節化して再構成しようとしたが、柳田は通時点であるとともに共時的である。その点で噛み合いにくい。

『文化映画研究』に於けるこの「談話」は既に指摘したようにGESの『雪国』への感想を求めたものだ。

そしてもう一社、柳田に接近した文化映画制作会社が東宝である。東宝文化映画部も同じく雪国をモチーフとした『土に生きる』（一九四一）を製作し、その制作の過程で柳田に接近しているのである【図11】。カメラマンの三木茂が柳田國男の知己を得て、ロケの過程で撮りためたスチール写真が、柳田との共著による写真集『雪国の民俗』（一九四四）にまとめられたことはよく知られる。

柳田と東宝文化映画部を接近させたのは映画評論家として影響力を持っていた津村秀夫だった。津村は、朝日新聞社で、柳田が論説委員だった時期、新人記者であったという縁で柳田邸に出入りしていた。津村は柳田の「民間伝承の会」の指導を受け、系統だった民俗学の教養を得ることの必要性を提言している（津村、一九四一）。GESの柳田への接近を受け、文化映画全体で柳田への接近という機運がつくられていったと考えられる。

三木が柳田と出会ったのは一九三九年秋だとされる。『文化映画研究』で柳田の学問と文化映画の関わりがポリティカルに模索されていたタイミングであった。秋田県男鹿半島の農家の米作りや年中行事を、一年を通して追いたいと三木茂が考え、東宝文化映画部のプロデューサーの村治夫が三木を伴って柳田の許を訪ねたのである（村、一九六三）。訪問の前後は不明だが、津村の何らかの口添えもあったと考えられる（津村、一九六三）。一九四〇年六月には東宝文化映画部から民間伝承の会に申し込みがあった。東宝は公式に柳田に接近したわけだ。

その柳田を囲み、津村が司会、三木、村が参加したのが、『新映画』一九四一年三月号掲載の座談会「柳田國男を囲んで　文化映画と民俗学」である。参加者はもう一人、柳田門下から、橋浦泰雄が参加している。橋浦はプロレタリア美術家同盟出身の画家であり、柳田の民間伝承の会に参加していた。戦時下、柳田の庇護下にあった転向マルクス主義者の一人である。橋浦は柳田が反目していた岡正雄がナチス・ドイツ式の民俗学を説いた一九三五年の「日本民俗学講習会」で「協同労働の慣行」と題する講義を行うが、この「協同」はマルクス主義から近衛新体制へと持ち越されるもので、ある意味、「第3村」的主題ともいえるものだ。

三木茂については説明するまでもないが、最小限の確認をしておけば、文化映画を代表するカメラマンで、亀井文夫との「ルーペ論争」でも知られる。『土に生きる』では「作・監督・

撮影」とクレジットされる。
一方、村はこの時期、東宝文化映画部に所属、また後に『海の神兵』とモチーフの重なる落下傘部隊の活躍を描く『加藤隼戦闘隊』などの劇映画の制作も手がける。『土に生きる』も村の「製作」である。プロデューサーシステムを戦時下採用していた東宝では映画は「監督」ではなく「製作」、つまりプロデューサーの作品としてみなされることは留意しておくべきだろう。

さて、座談会は司会の津村が口火をこう切る。

津村　きょうは柳田先生に態々おいでを願いましたのは、文化映画が非常に盛んになって来て、そうしてその材料として昨年あたりから、日本の地方生活を盛んに描くというそういう、一つの方向が現われたのですが、この方向は私は非常に大事な方向だと思って居ります。（中略）かといって戦争が始って以来、地方民、地方生活というものに対する日本人全体の関心が非常に昂って居りまして、そういう意味からでも、新体制運動を展開するのには、どうしても映画の一つの方法としては、地方人とか地方生活というものを、せめて文化映画を通じてよく日本人に認識させることが必要であると思います。それからこれは戦争とかそういうことには関係がないことですが、地方の生活の中に生きて居る日本人の伝統的なものというものを映画を通じて国民に与えるということも必要なことだと思って居ります。

（津村、一九四二）

津村にとって「文化映画」と国策の整合性はジガ・ヴェルトフらが人民「生活」を描くことを介しソビエトそのものを描き出したことを議論として一応は念頭に置いている。しかし、それ故、却ってその「生活」は近衛新体制下に於ける「生活」に通底する。ソビエト社会主義の標榜する「生活」と近衛新体制のスローガンとしての「生活」に実のところ大差ないという点で津村は間違ってはいないが、それは柳田の学問が描こうと考える「生活」ではない。

この点で柳田の比較による編年、つまりモンタージュによる歴史の記述（ちなみにそれが民俗学の方法論としてかつて盛んに論議を呼んだ重出立証法である）と普遍的な「日本」の所在を所与とする議論は噛み合わない。後者の「文化映画」論は地域地域の固有性としての歴史の痕跡を一切、ふっ飛ばし、「日本」に向かってしまうからだ。

その齟齬を津村は顧みることもなく、「文化映画」の登場が映画に「地方生活」を描くというまさにジガ・ヴェルトフ的な新たな潮流を生んだこと、そして近衛新体制の中で「地方人」「地方生活」を「日本人に認識させること」が、日本人の自己確認のため必要だと説く。ヴェルトフの方法の安直な日本化が語られている印象である。しかし津村にはまだ「南方」や共栄圏という発想まではない。

それよりも津村が強調するのは、文化映画の製作システムである。「日本人の伝統的なもの

柳田民俗学と文化映画

【図9】石本統吉監督『雪国』(1939)

【図10】柳田國男「文化映画と民間伝承」掲載号『文化映画研究』1939年5月号には『雪国』と『文化映画論』が並ぶ。

【図11】三木茂監督『土に生きる』(1941)(上)は同映画パンフレット、(中)は撮影風景でカメラの前にいるのが三木茂。(下)でわかるように村は「製作」として表示されている。(いずれも牧野守氏提供)

というものを映画を通じて国民に与える」ためにも、将来、文化映画の「製作プラン」を「統一」して各プロダクションにテーマ・材料を「命令」することが必要で、そのために柳田の「民間伝承の会」の協力を仰ぎたい、と津村は座談会の意図を述べるのだ。つまり、津村自身が「文化映画」という国策映画領域を仕切りたいという他愛ない野心が透けて見える。

このような統一的な上位機関の設立は、文化映画に限らず様々な表現領域に求められていたもので、その体制の中に誌上を通じて柳田を大袈裟に言えばオルグしようというものである。この津村の発言からは、戦時下の文化映画政策が柳田に何を求めたかが正確に窺える。つまり津村は実に身も蓋もなく文化映画のガバナンスのための「権威」としてただ柳田を担ごうとしているとわかる。

戦時下、映画雑誌の対談は、映画関係者からポリティカルな言質をとるために用いられたことに注意しておく必要がある。だから津村の「文化映画製作者側の気持を想像して先生にお願いする」という発言は柳田への公開オルグであるともいえる。

その津村の発言で、村が既に柳田の「指導」を受けていること、三木と柳田は初対面であることが説明される。これは後の村の回想と矛盾する。村の回想では撮影の前に三木を伴い訪問し、人となりを柳田が気に入り協力的だったとされる。しかし撮影がほぼ終わった後のこの対談では、少なくとも津村は柳田と三木が初対面だと思っている。このあたりの事実関係は錯綜している印象だ。一方、村は明らかに座談会以前に柳田に教えを乞うている。

津村は三木に『土に生きる』の説明をさせようと発言を促すが、柳田が「三木さんの話はあとで願うことにして先にプリンシブルの話をしたい」と素っ気ないのも気になる。ぼくは三木を柳田が必ずしも評価していない印象を持つ。

それはさておき、「プリンシブル」とはいかなる文化映画の原則か。

一つは対象を特定の地域に限定しないことである。

『土に生きる』は秋田県男鹿半島の農村を中心にロケをしている。そもそもこの映画は吉田三郎『男鹿寒風山麓農民日録』（日本常民文化研究所『アチックミューゼアム彙報16』一九三八）という日記による民俗誌がベースになったものだ。まさに郷土人の郷土研究である。それをベースとする映画構想を柳田は、まず、否定してしまうのである。

では何を撮るべきか。

柳田が説くのは「農村のもの」に向けた「文化映画」である。

では、それは「啓蒙」「更生」のための「文化映画」とどう異なるのか。

柳田は一例として「稲の干し方」を持ち出す。

去年十二月に大阪に行った時、偶然宝塚に行って、宝塚からバスが出ているが、有馬に行った。あの附近の稲の乾し方が奇抜なんです。（中略）それ一つだけ見せたのではあすこらの人でも面白がらない。ほかの人でもそうだし、それから考えると、稲を刈って乾燥させる様式というものは、私の知って居るだけでも、少くとも十以上はある。（中略）あれを全国的に種類を分けて列べて、稲の乾し方――何んという題名がいいか、それは別として――それで越後はこう、京都府の山の中はこう、九州の佐賀県の山の中はこう、海岸はこうといったような形を見せる。それを一番喜ぶのは稲を掛けて居る農民です。（柳田、一九四二）

稲の「乾し方」は日本全国津々浦々、多様である。その多様な「乾し方」の文脈の中に自らの村の「乾し方」を農民が位置付け、理解できるように「農村」文化映画は作られるべきだと柳田は考える。つまり民俗文化の偏差の中に、つまり「歴史」の推移の中に観客である農民の帰属する村の民俗を位置付けられる映画を求めるのである。津村らが不用意に口走る「日本」なり「伝統」を柳田は少なくともこの程度には「方法」から誠実に導き出そうとする。

言うまでもなくこれは、彼の学問そのものの映画化であると言える。やはりモンタージュを歴史の再現の手法として用い、そのために「民俗」は最小単位ごとに分節化され、そして改めてモンタージュされる必要があるのだ。

そのような映画こそが、「農民の生活」を農民に「反省」させるものになると柳田は言う。この場合の「反省」とは「内省」に近く、ムラの外部との偏差の中で自身の文化を位置付けることを指す。更生運動的な精神論とは全く一致しない。

その結果「極く古い様式から新しい様式に変遷して居るというのは、そう長い間でないのだから、その間にこういう風に変遷して来たということ」（柳田、一九四二）を見せることが可能になると言うのだ。だから「私はこういうような心持で、沢山の実例を早くから心掛けて、採って、集めて、編輯して比較して行くということ」（柳田、一九四二）を提言する。

柳田はそのために特定地の集中的ロケではなく、同種の事例を全国津々浦々で撮影することを主張する。つまりフィルムを「データベース」的にストックして、それを「編輯して比較して行く」ことで柳田の考える文化映画が初めて可能となるわけだ。

ここで柳田が自身の学問の方法を「編輯」と形容しているのもまた重要であることは言うまでもない。柳田が明瞭化することに苦慮していた彼の「比較研究」という手法が「編輯」、つまりモンタージュという語によって鮮明となっているからである。柳田は明らかにこの時点での彼の学問の方法と「映画」の方法を接近させ、「文化映画」に民俗学を実装させ得るかを細心の注意を以て確認しているように思える。

このようにして農村を題材として文化映画は農村を一度、分節化し、そしてモンタージュすることで自らの行為や自らのムラの民俗を歴史の中に位置付け直すわけである。その手法が「編輯」であり、目的が「内省」であって、無批判に「日本」を説く者らとの方法的な違いがある。

その時、この談話が興味深いのは、やはり三木と柳田のズレである。例えば三木が持ち出すのは「ナマハゲ」などの撮影でどこまで俳優による「再現」が許されるか、という問題であり、

「ルーペ論争」が一種のやらせ論争であったことを考えればこの人らしいが、柳田のデータベース的関心とは一致しない。

対して村はタイでのロケで船の変遷に興味を持ったことを報告し、そして文化映画のロケで写真を撮りためていることに言及し、こう言う。

村　最近私は感じたのですが、農村でいろいろ撮って来た写真を見ますと、それは信州、東北、滋賀県、静岡と、そういう所に出掛けて、百姓の生活を何んかの形で入れたものを撮ったのです。それを比較すると、百姓の服装が非常に変って来まして、これは非常に早く撮って置かなければいけないと思いましたね。

（村、一九四二）

村は柳田の主張をただ鸚鵡返しししているようにもとれるが、確実に柳田の編集的方法を理解している。三木はそれに対し、「本当の農民精神は土に生きることだ」と精神論を口にし、再び柳田に一蹴されてしまう。

記録映画史的には評価の高い三木ではなく村というプロデューサーの方がキノ・グラスの実装としての民俗学を理解しているのである。

この座談会に於ける三木と村の位置に拘泥するのは、それが三木と柳田の共著『雪国の民俗』の評価に関わってくるからである。

そもそも村の回想では、撮影した写真を持って三木と二人で連れだって柳田を訪ねている。やはり村は直接、柳田から学んでいるのだ。しかも、村が、柳田から菅江真澄のことや婦人問題の話を聞いたと回想するのも戦時下の柳田の著作と正確に呼応するのだ（村、一九六三）。

三木と柳田との共著『雪国の民俗』には「構成・編輯」として村治夫の名がクレジットされている。このことも実は重要である。同書の編集の最中に、三木はカメラマンとして南方に派遣されてしまうのである。替わりの作業は村がやったようで、東宝文化映画部の日本映画社への統合や、陸軍航空本部嘱託として『加藤隼戦闘隊』のプロデューサーとして東奔西走しながら「写真の割り付けから解説原稿、装幀に至るまで」の一切の「構成・編輯」をやったという。戦時下のメディア、特に「宣伝」（プロパガンダ）及び映画の領域では「構成」や「編輯」は今のような裏方的位置でなく、作者の側に近い。それらは広義の「モンタージュ」を前提とした技術だからに他ならない。写真もまた複数枚の連続をモンタージュとして組む考え方が戦時プロパガンダでは様式化している。

その貢献に対し、柳田は三木、村の三名の共著としようと提案したともいう（村、一九六三）。それは先の意味を考えれば妥当な評価であると考えられる。一方、三木は「村氏には構成編輯と云う仕事以上に、出版一切の面倒を見て頂いた」と記し「構成・編輯」（三木、一九四四）と、村のポジションをむしろ曖昧にしているような印象を受ける。

今の私たちの感覚では、一つの書物の「構成・編輯」というのは裏方の事務的作業にしか感じられない。しかし、戦時下においては、例えば東方社の『ＦＲＯＮＴ』や、あるいは報道技術研究会などの、写真を用いた「構成」や「編輯」の方法論は、今考えるよりはるかに実践的で戦略的である。まして村は戦時下の映画プロデューサーである。

もう少し、この問題を考えてみる。そもそも三木は同書の写真を撮影の合間を縫って「眼あたり次第、気のつき次第」撮影したもので、「報道写真」「芸術写真」といった「美しい写真」ではない、とする。

その一方で『土に生きる』は前述の吉田三郎の著作の「写真」を含め「私の計画は、すべて写真を中心」としていた、ともする（三木、一九四三）。それがジガ的な全て写真を中心とは戦時下の組写真など写真を連結させること（モンタージュ）で何かを生じさせようとするものなのか、『雪国の民俗』の完成品のようにテキストを一切、挟まない意味なのか。

この時期、柳田が三木らとの座談を含め「スナップ」という語をしばしば用いたことは注意したい。それは以下のような資料採集の方法である。

しかし物を視るにも兼ねての心掛けが必要である如く、話を聴くにもそれだけの用意が無くてはならぬ。斯ういう皮肉を浴せかけるような覇気のある田舎人は、通例は必ず自分の説をもって居て其通りを相手に思わせようとする腹がある。それを成程と聴いてしまっては、本とうは知ったことにはならない。斯ういう計画のある意見や報告の類ならば、昔の巡験使でも今の観察員でも、皆之を聴く機会をもって居たのみならず、少し待って居れば向うから、陳情というものさへ遣って来る。それが悉く的はずれだという気づかいは無いが、我々はそういう多くの煩わしいものを総合して、自分の判断によって覚ったものを、農村の知識としなければならぬので、其為には寧ろ写真でいうスナップのように、何の目途も無くおのずから言い出された言葉を、重んじなければならぬのである。そういう中には思い掛けない暗示がある。それを鋭敏に把えて考えるだけの、練習も必要であり又態度ももって居なければならぬのである。（柳田、一九四四）

これは「計画のある意見や報告」、つまりあらかじめ発話者の文脈の中に組み込まれたことばではなく、そのような文脈から切断された不意に洩れたことばを民俗学は資料として採用すべきだとするものだ。そのような現実の切り取り方、あるいは民俗資料の最小単位を柳田は「スナップ」という語で形容し、無作為の断片の比喩としている。「スナップ」とは編集されて初めて意味を持つ一カット一カットであり、そこにあらかじめ入り込むアヴァンギャルド的な作為を柳田は嫌う。後述するように三木の写真にはそのような側面がある。エイゼンシュテインの映画論に於いて、編集することで初めて意味の生成する以前の「ショット」「カット」の概念にも近い。しかし、これに対し「報道写真」は堀野らの仕事がそうであるように、何気ないスナップとは言い難い。仰角や鉄骨の構成の中にあらかじめ意味は組み込まれる。

仮に、三木が自身の写真が「報道」や「芸術」でないと強調するのなら、その無作為性の主張なのだといえる。だとすれば、単独では三木の写真は無作為な「スナップ」に過ぎず、それを編集・構成し意味を与えたのが村であるということになる。しかし実際には村は柳田の方法を忖度しつつ、三木の作為を読み取る双方のバランスをさとった「編輯」を試みている。

これが、三木と村の証言から推察される両者の関係である。

この時期、既に述べたように「編輯」は国家宣伝のための「文化技術」であることはもう一度、確認しておく。それは以下のように理論化される。

> 編輯とは、幾つかの感性的素材を蒐集し、それを配置・構成して、理念・意志・感情等を社会化するための文化的手段を形成する技術を云う。（中略）つまり編輯とは、特定の人間の理念・意志・感情・知識等を拡大・伝播すべき文化手段を形成するために、構想・企画し、必要な感性的素材を蒐集・選択・整理して、それを時間的・空間的に配置・構成・総合する過程を云う。
>
> （大久保、一九四三）

これが戦時下、国家宣伝に特化した広告理論を構築、実践した報道技術研究会が定義する「編輯」である。「編輯」とは「素材」を時間的空間的に「構成」、あるいは「統合」して理念や主張や感情を社会化する文化技術として定義されていることがわかる。その「意志」が「個人」でなく「国家」のものであれば国策宣伝となる。

柳田は民俗文化の「編輯」に於いて一つは「変遷」、即ち「歴史」を可視化しようとした。そしてもう一つ「編輯」が顕わにするのがこの時、柳田が拘泥する「心意」という非言語的な領域である。その「心意」の主体は村人であり、だからこそそれは郷土人にしかわからぬと、ブラックボックスに入れた柳田は慎重ではある。

確かに柳田はこうも記す。


そこで是からの問題になることは、この眼を軽んじ耳で聴く言葉を頼りとする今までの方針が、どこまで保って行けようかという点である。日本は国が段々と大きくなり、殊に大東亜圏の利害は年と共に親密を加えて来る。数千の島々に分れて住む諸民族が、互いに相知る為には一ぺんは行って来なければならぬとなったら、事実はいつまでもあかの他人で居なければなるまい。そうで無くても同じ日本の中でも、一生全く知らずにしまう者が多く、たま〳〵脚健かにあるきまわった少数が、何もかも知って居るような説を吐くことを、抑えることも出来ないのである。果して彼等の解する通りであるかどうか、言葉は其ままを伝える方法が乏しいから、警戒をする我々は永く不定の中に居なければならぬ。幸いにして絵の方はこれ以上に、可なり隅々の小さなところまで、写し取って遠くへ運び、又は久しく残して置く技術が、是から大いに発達しようとして居るのである。（柳田、一九四四）

つまり言語による互いの差異を知る方法は、言語の異なる文化圏では機能しづらく、その時、写真の「スナップ」による「比較」が有効だとする。但し、そこから「大東亜」という普遍性に柳田は飛躍しない。

その上で、外地で「文化映画」のカメラマンとして奔走している三木に向けてこうも希望を記していることに注意したい。

知識欲に充ちたる多くの日本人を代表して、一種の報告者となって未知の地へ入って行く以上は、それだけの心がけは当然であるが、そういう態度も今はまだ、未来に向って期待するより他は無いのである。（柳田、一九四四）

あくまでも、文化工作者でなく「報告者」として「大東亜圏」で振る舞う倫理性を三木に求めるのである。「報告者」とは、柳田の学問への参加者に求められる態度である。つまり記録者であるが、記録はデータベースに集められ、誰かによって「編輯」される断片であることは既に見た。つまり報告者の写真はスナップである。

これは転向したプロパガンダの手法を持つカメラマンや映画人に対する極めて厳しい倫理性である。彼らの写真の一葉一葉にはモンタージュされるべき構図が組み込まれ、構成されるためにあらかじめ存在するからだ。

　こうして見た時、三木は「報告者」、村はそれを「編輯」するという役割分担に徹底することで柳田の方法は『雪国の民俗』に実装されることになる。

　実際に同書を見ると、写真を一年の時系列で「編輯」しつつ、複数の地域での近似した習慣や農具を配置している。いわば「比較」である。農作業の全景から入り、服装・農具といった細部へと至り、最後は赤子の誕生から民俗信仰を経て、葬儀の告知の炭俵の写真で終わる。つまり柳田の言う「心意」で終わるのである。

　このような村の「構成・編輯」は実に柳田の基本的な考えの忠実な再現に見える。しかしそれが三木の意向を汲んでのものというよりは、村が柳田から啓発を受けての結果に思える。

　その三木は巻末に彼の採集した「南秋田地方を中心とした一年中の行事と習俗」をまとめた後、こう記す。


　だが、われわれの祭り、われわれの習俗が、今の時代では考えられぬような世界であるとしても、東北農民が神々に寄せたあつい思慕の情や、厳しい自然の暴威の前に勇ましく立ちはだかって暖国の稲を寒国に移し植えた努力、そうした生活感情は、恐らく遠い以前には、すべて神の意志として何事も諦め、何事も喜び悲しまざるを得なかったに違いない。私は雪国の民俗の中から、都会の人には考えも及ばないような美しい形で、まだまだ祖先から守りつづけられた遺風習俗の形が、今日に於てもなお見ることができるのをほんとうに嬉しいと思う。

（三木、一九四四）

三木の中では、民俗の偏差が柳田の考える「変遷」ではなく「祖先から守りつづけられた」もの、つまり「伝統」へと容易に転嫁してしまってはいる。その「生活」の「浅さ」や翼賛性は柳田の目指したものでは当然なく、唐突に言えば「第3村」に描かれる「生活感情」である。そのような「第3村」化を抑止することと、柳田が三木に何故、報告者としてのスナップという写真的倫理を求めたのかが自ずと一致する。

だから改めて、三木は本当に無作為の報告者だったのか、という疑問が生じる。再び三木の写真に戻る。三木は自らの写真撮影のあり方をこう記す。

それであるから、この本の写真は世に云う報道写真とか芸術写真とか云う美しい写真ではなく、云えばその方の写真とはまったく反対な写真ばかりであると思う。もっとも私自身そういう写真を作れない故もあるが、とかく写真を絶対的に美しいものにしなければ承知できない方々には失望を与えると思う。

（中略）

したがってカメラの位置も、自分の眼の高さから上でもなく、下からでもない位置から撮影し、必要ない限り同一レンズを使ってトリミングを一切行わない方法をとった。つまり有りのまま、そのままを見せたい と云うのが私の念願である。（三木、一九四四）

ここで三木は新興写真、報道写真という言い方で戦時下のプロパガンダ写真の方法を拒否しているようにも見える。だから三木はアイレベルからフルショットで「有りのまま」を観察記録した、という。

だがそれは正しくない。

同書の冒頭には「土に生きる人々」と題し、農民たちのアップショットが特集されている【図12】。しかも、掲載された一群の農民たちの写真にはローアングル気味のものが多く混じる。これは三木がスナップという非政治性を主張しつつ、あからさまに用いた政治的手法である。これはロトチェンコの写真【図13】、あるいはレニ・リーフェンシュタールの『意志の勝利』に共通の政治的構図である【図14】。『FRONT』のカメラマン・木村伊兵衛も外地の民衆たちを同じ構図で写す【図15】。『海の神兵』に於ける無名戦士のローアングルでもある【図16】。これはヒトラーの如き為政者でなく無名の民衆をローアングルで撮り、「国民」を表象させるファシズム的方法でもある。日本に於いても木村、三木以外にも戦時下の「報道写真」と呼ばれる写真で濫用されるものだ。つまりこれはプロパガンダ性の所在を示す構図だと言ってよい。

その構図の意図がリーフェンシュタールらと同じであることは一枚目の写真のキャプションに明瞭である。

このように、三木は「報告者」であることに耐えられていなかった。だからスナップたり得ず、プロパガンダ写真の構図を滑り込ませる。

解説原稿は村の手によるとされるから無署名の一文も村の可能性がある。

都会人がとっくに失ったものを、この人たちは根づよく持ちつづけている。これが日本人のほんとうの表情であろう。

農に従う精神は、国土と青人草《あおひとくさ》とが一体となることであり、そのなかに無限の喜びを見いだすことである。そしてその喜びは、国土を生み給うた神々、その子孫《すめみま》であられる、天子様への讃仰であり、また国土を生々発展させてきた父祖への感謝でもある。農に従う人たちの日常のくらしには、この喜びがいきいきと現われているのである。この人たちの顔やからだつきや手足の表情のひとつひとつを見てゆくと、土に生きる喜びがひたひたと胸をうつにちがいない。

（村、一九四四）

農村の表現や身体に込められた民族「精神」を、村は三木の写真から読みとる。一方では「農に従う人たちの日常のくらし」にそれが反映しているから「構成」や「編輯」によってそ

「ローアングルの民衆写真」の政治学

【図13】アレクサンドル・ロトチェンコ「ピオネールの少女団員」(1930)

【図12】三木茂写真「土に生きる人々」柳田國男・三木茂『雪国の民俗』(1944)

【図15】木村伊兵衛『王道楽土』(アルス、1943)

【図14】レニ・リーフェンシュタール『意志の勝利』(1934)

【図17】瀬尾光世監督『桃太郎　海の神兵』(1945)

【図16】瀬尾光世監督『桃太郎　海の神兵』(1945)

れが可視化されたと強弁する。ジガ・ヴェルトフがソビエトをリーフェンシュタールがドイツの輪廓を描き得たのと同じといえば同じである。しかし、それは「民俗信仰」に於ける「心意」とは異質のものである。

この一文の前に宮沢賢治の有名な「雨ニモマケズ」の詩が引用されるが、この詩は大政翼賛会文化部の更生運動関連の出版物で引用もされているものだ。やはり日本精神の他愛のない表象として賢治の詩もそこに描かれたそれこそ「第3村」的労働の賛美としてある。戦時下の賢治は確実に「更生」「協働」のアイコンとしてあったことは注意が必要だ。

このように『雪国の民俗』に於ける一群の農民写真は一葉一葉に国策性を否応なくまとっているのだ。その政治性は村の「構成」の産物でなく、三木の「作為」なのである。何故なら三木が意図しない限りリーフェンシュタール的ローアングルのショットは存在し得ないのである。三村は三木の「政治」ではなく柳田の民俗学の方法をこの写真集に実装し、同時にキャプションで時局に配慮しつつ、その限りに於いて柳田が考える文化映画性を具体化しているといえる。

言うまでもなく文化映画は国策映画であり、東宝は国策映画機関である。この時期、東宝の文化映画に関わった人々が、上海で偽装中国映画の製作を行っていた事実一つとっても東宝の性格は明らかである。

そして既に見たように「編輯」は、国家の意志や政治理念の可視化の技法なのである。

文化映画が、柳田の考える無作為の記録と違うのは、一つ一つのカットの構図、そしてそれを編集することによって生じる政治性にある。そうして見た時、ローアングルという政治的構図からなる写真の編集によって「日本人」の「意志」を表出させる導入からなる『雪国の民俗』は、「民間伝承論」の実践でなく政治的「文化映画」と化したのだと言えよう。

その時、ようやく『海の神兵』冒頭の「郷土」シーンの意図が見えてくるのではないか。

そこには柳田の考える文化映画を実装した「郷土」はない。むしろそういった記録映画性でなくステレオタイプの「郷土」がひたすら描かれる。そこにはスナップどころか、『海の神兵』後半に於けるローアングルや鋭角やレイヤーといったロシアアヴァンギャルド的（つまりは三木茂的）方法は殆ど見られない。そのことに注意すべきだ。

そもそも「郷土」シーンは、後半のインドネシアでの前線基地の椰子の木などの描写と比しても、山や木々の描き方が写実的ではない。田畑の起伏もデフォルメされている。遠方に山が配置され手前に田畑が広がり、産土《うぶすな》神社が配される田園風景はステレオタイプ化された農村でしかない。家屋の描写も、例えば『雪国の民俗』所収の写真と比してもその地域の風土に規定された特徴はない。その作画に、戦場シーンに見られる「記録性」の痕跡は一切、ないのだ。その点では村が理解した農村ではなく三木が所与のものとした農村に他ならない。

燕の飛翔などにカメラアングルの大胆な変化やリアリズム的な動きが見られるが、キャラクターたちの運動は画面の奥から手前、手前から奥というディズニーの短編アニメなどで特徴的なキャラクターの動きである。マルチプレーンも人物のロングショットでの左右の動きの近景と遠景の描き分けで用いられるものの、戦場部分のような、レイヤー表現の妙には至っていない。

雉の一家だけが棲み家が家屋でなく鳥の巣であるというリアリズムだけが奇妙である。

そこには一つ一つの場所や風景に当然だが比較される「差異」もない。あらかじめ「郷土」に集約されてしまっている。「第3村」もまた集合知としての郷土であることは言うまでもない。誰にとっても、そもそもが「農村出身者」でない人間にとっても懐かしい。だから迂闊に日本人の原風景とも賛美できる。そしてそれはジブリが『となりのトトロ』で捏造してみせた風景でもある。だから『海の神兵』と「第3村」の違いは、そこにローアングルの鉄塔を配し、ジブリ的な「生活」の描写を導入し「文化映画」化することである。高畑勲『おもひでぽろぽろ』に於いても「郷土」の「文化映画」化が見られる。庵野は『海の神兵』で不徹底だった集合知的「郷土」描写に「文化映画」を実装した。

それが第3村がジブリ的でもある理由だ。

一方『海鷲』と比して感じるのは、同作に見られたアニメーション的原理による問題解決の消滅である。『海鷲』では猿が空中で戦闘機から戦闘機に飛び移ったり、落下した先がコクピットであったり、「漫画映画」であるが故に許されるシークエンスが散見する。瀬尾はこれを「ギャグ」と形容しているが、宮崎駿作品にも見られる、アニメーション技術による非合理の合理化である。その一例が、キャラクターが両腕を回し、プロペラのように水上に浮くシークエンスである。そのまま魚雷に近づいてまたがり操作するという展開である。

こういったキャラクターの身体の「機械化」はディズニーアニメの内在するアメリカニズムの象徴だと評したのは今村太平だった。今村はポパイの腕がハンマーの如く変化するのも同様の表現とみなしたが、『海鷲』でもきび団子（?）とおぼしきものでポパイの如く力瘤のできるシーンがある。これをアメリカニズムとしての「機械」の、「日本化」だとまでは言わないが、「漫画映画」性を保ちつつ、一方で、『海鷲』は『神兵』に比して、よりデフォルメされたキャラクターの「ギャグ」、つまり現実原則を超えた動きと、他方で、水兵服やウサギ耳が風になびくような「自然」やマルチプレーンを用いたレイヤーや透過光、カメラアングルの大胆な切り換え、資料の入手が可能であった部分での戦闘シーンのリアリズム的描写などの記録映画性を同時に担保している。つまり、統合はしないが、共存させている。しかも「ギャグ」で一貫してエピソードを繋ぎ、解決し、それ故、キャラクターも死なないという原則を貫いている。

それが既に指摘した、『海鷲』のアニメーション性と文化映画性の「棲み分け」である。対して『海の神兵』は、戦場シーンに於いて両者は棲み分けず、むしろ統合されている。文化映画性を「実装」している兵士の死は暗示され、「ギャグ」による問題解決はない。基地での日常、落下傘の準備、機内のシーン、降下のシーンなど細部を理解できるようにつくられ、記録映画的である。

文化映画とはこういう「科学」的な啓蒙が必須だが『海の神兵』は、その前半部の農村シーンでこれを欠いている、あるいは放棄している。だからこそ逆にわかり易い「協働」による水難者の救出が描かれる。「記録」する対象としての農村や生活・習慣を『海の神兵』のキノ・グラスは認識できていないのだ。というよりはこの郷土からキノ・グラスは排除されることで成り立っている、といえる。

断言していいが、『海の神兵』の戦場場面ではニュース映画、記録映画が大量に参照されたが、農村シーンでは一編の記録映画も参照されていないと言わざるを得ない。ただ、ステレオタイプの村が描かれる。

しかしそのそもそも「普遍的な村」ぶりが結局、「第3村」と通底する。

ではあの風景をどう捉えるべきなのか。

あるいは、以下のような論考が参考になるのだろうか。『文化映画研究』で農村について最も早く言及している論考に八木仁平の「ミッキイ・マウスの微笑」がある。そこで八木はディズニーの中に田園的なアメリカを見る。

吾々が云いたいのは、それにもかかわらず今日一般的な意味に於いてすべての田園的なものがもっている良き性質をアメリカの田園も、そしてディズニイ氏のキャラアクタア達も失ってはいないと云うことである。

田園的なものがもつ良き性質とは温和な性質のことである。人間的なる性質のことである。
（八木、一九三八）

田園的なものの中に人間の良き性格を見る、というものだ。それは三木が「土」に見出そうとした「精神」と結局は地続きになっていくわけだ。その意味で、『海の神兵』の陳腐な「田園風景」もまた同種かも知れない。

このように『シン・エヴァ』と『海の神兵』はその前段に情緒的に意味が補塡される普遍的な郷土が描かれる。その違いは「農村」描写における「文化映画」性の実装の有無であり、実装した『シン・エヴァ』の農村はより「協働性」が増す。おたく文化史の歴史修正として「シン」ユニバースをとらえるなら、「第3村」の労働描写は『シン・エヴァ』は高畑『太陽の王子　ホルスの大冒険』『おもひでぽろぽろ』の「協働」へとより積極的に接続される。その銃後を受けて前線の兵士へと場面が移動する。この二つのシークエンスの「切り換え」、つまり農村のシーンから戦場シーンへの切り換えのくだり、より詳細に言えば、タンポポの綿毛を猿が見上げ、そこに落下傘降下を告げるブザー音が重なるシーンに於いて『海の神兵』の政治性は明らかになる、といえる。

同時に猿の青年は、ローアングル、つまり政治的構図でしっかりと描かれるのである【図17】。

猿の青年は農村場面では作中で名を呼ばれ、キャラクターとしての名を一応持っていると注意を促した。しかし、このくだりで、ローアングルで「国民」としての属性が一気に前面に出る。表情の描写がグロテスクに感じられるほど動画としては作画されている画であり、同時にカメラワークを再現する動画としてつくり込まれている。だから、ローアングル表現で描かれた瞬間、彼はキャラクターとしての固有性を失うのだと言ってよい。記録映画性がキャラクターの固有性を奪うのである。

つまりロトチェンコの写真やレニ・リーフェンシュタールの映画、三木や木村の写真の如く彼は無名の「国民」と化すのである。戦時下の構図へ回収されるのだ。

この後の戦場場面に於いては、猿青年は同じ顔の他の猿の中に埋没する。『海鷲』で猿のキャラクターたちが描き分けられなかったのは「群れ」としての猿を「ギャグ」にしたかったからだが、『神兵』では一度は名を与えられ、そしてローアングルの記録映画的にリアルな描写によって「国民化」し、そして「名」という固有性を奪われるのだ。

その意味でそれぞれの故郷、即ち、柳田の学問が文化映画に望んだ地域ごとの文化の偏差となる「具体的な農村」は最初から描かれないし、描かれる必要はない。地域の固有性は人間の固有性同様、捨て去られる運命にある。『シン・エヴァ』はエディプス神話、あるいは教養小説的構造の反復だから、主人公の主体性は回復する。しかし、それは繰り返すが第3村に於いて労働や協働によって彼の中に何かが復興したわけでなく、九〇年代以降、二十年あまり停滞し続けた主人公の「出発」が物語構造の実装で起動しただけに過ぎない。

だから、主人公の「固有性」や「成熟」という問題に慎重であるべきなのはそのエンディングである。『海の神兵』は郷土に戻り、猿の少年が落下傘部隊に自らを模して地面に描かれた北米の地図に飛び下りる。『シン・エヴァ』の主人公が導かれるのは庵野の故郷らしいが、それは前章でいささか皮肉を込めて記したようにアニメツーリズムによって回収される故郷に他ならない。観客が連れていかれるアニメツーリズムの先としての固有性を奪われた郷土であり、それは『海の神兵』の「郷土」であり、同時に「日本的な何か」というひどくおぞましき何かである。それは庵野や新海のローアングルがノスタルジーの装置に転じていることで明らかであろう。

５　郷土巡礼

さて、板垣鷹穂は彼の機械芸術論をこう書き出す。

> 人間は「機械」を発見した。「機械」は先ず破壊するものとして働きはじめた。然し間もなく、建設するものとしての新たなる営みに向いはじめた。

この破壊する「機械」と建設する「機械」という二律背反が『シン・エヴァ』の基調としてあることは言うまでもない。『シン・エヴァ』を含むエヴァンゲリオンシリーズが「ロボットアニメ」と自称しつつ、いわゆるスーパーロボットアニメと異質なのは執拗な都市建築であり、セカンドインパクトという未曽有の世界崩壊の後で都市はそれ自体が機械として建築されている点にある。『シン・エヴァ』では「建築」はエッフェル塔を拠点とするパリの都市空間の復興と巨大船の建造へのプロットが変型するが、板垣に言わせれば一八八九年パリ博に於ける水晶宮とエッフェル塔が人々の「機械美」を喚起させる契機であり、巨大船の「建築」が板垣の機械芸術論で占める位置については殊更触れる必要はない。「建設」への機械芸術的要求は既に示したローアングルの鉄塔の系譜と並行して重工業や発電所という生産（というよりは「増産」というイデオロギー化されたもの）の機械美や機関、つまり蒸気機械や歯車やシリンダーの駆動する美であり、それは『シン・エヴァ』に於いても執拗に描かれる主題である。破壊し尽くした地球の短期間での復興はアニメーションのご都合主義で描かれなくはないが、庵野はただローアングルの鉄塔の構成的な美だけでなく「建築」それ自体を描く。そこで人が描かれないわけではない。

エイゼンシュテインの『ストライキ』に於いて塔にへばりつく労働者が配置されるように、エッフェル塔での作戦に於いては塔で作業する人々が描かれもする。しかし、それは機械に対する従というよりまとわりつくもので、作中ではもはやエヴァンゲリオン自体が自ら自動的に建設しているかの印象である。そしてこの建築する機械、増産する機械は否応なくそれ自体が戦時体制のイデオロギーに他ならない。「建設」とはそれ自体が社会主義からファシズム下に転用されたイデオロギーであり、ローアングルのエッフェル塔の系譜に一人だけ不惑に紛じる加藤悦郎はその転向イデオロギーを一貫して「建設」の一語に集約した。そしてその時、注意すべきもう一つが生産の場である。機械の構成美、鉄骨の構成美の支配する「建設」とは異なる身体が協働する現場として、第3村がある。

高畑勲『太陽の王子　ホルスの大冒険』の労働シーンや『海の神兵』に於ける「アイウエオの歌」が労働歌然として描かれる極端な「協働性」は第3村にもさすがにない。しかし集団的生活はもっぱら女性中心であること（例えば宮崎駿『紅の豚』の飛行機工場、『もののけ姫』のタタラ場、高畑勲『おもひでぽろぽろ』の紅花とり）といった女たちの「協働」にアヤナミレイ（仮称）はとり込まれる一方、委員長は過剰な母性を強調し、猫もペンギンもミサトでさえ子孫をつくる。その徹底した母性支配と、更にあたかも男を立てるような高畑勲『おもひでぽろぽろ』や『ホーホケキョ　となりの山田くん』で描かれる「家長」ぶりを委員長の父が演じる様を含め、ぼくはそこにジブリがおたくたちへのマウントとして描き続けてきた「生活」や「現実」の本質を見てしまう。だから、その風景の中にこれ見よがしに「人」が描かれながら同時にぼくは奇妙な機械芸術性を感じないわけにはいかなかった。なるほど、戦時下の農村写真に見られる女たちの身体の鋤体操（鋤を持ち整然と行われる組体操）の如き「機械化」が描かれるわけではない。

しかしその機械芸術性の理由は庵野自身が映画公開に合わせて答えを提示してくれている。即ち「第3村」のために特撮のミニチュアが造られて、それが公開されたのだ。「人の不在」は円谷英二の特撮から庵野秀明の「巨神兵東京に現る」、そして『シン・ゴジラ』に至るまでカットとして人や群衆は描かれても「特撮」の街並みになった瞬間に人は不在になる風景である。そして何より興味深いのは「第3村」の本体は農村ではなく車両区にあり、「鉄道」や「鉄骨」や「汽車」などの「断片」化された「構成」物【図18】からなる総体【図19】だと明かされることだ。「庵野秀明展」目録にはローアングルで鉄橋を撮る「カメラを持つ男」としての庵野の姿がまとめて掲載されているが、それらの収斂する空間が何であるか、「第3村」のつくられ方は端的に示している。第3村とは農村に分割して配置されたエッフェル塔に他ならない。

そこにノスタルジアを感じないわけではないが、それは実はおたく的経験のノスタルジアに他ならない。私たちは「第3村」にクルルの写真でなく、ジブリや新海誠や岩井俊二の鉄塔や鉄道のある風景をノスタルジアしているのだ。

だとすれば一体、第3村→戦場→庵野の故郷というこの物語、構造として一見、行きて還りし物語をどう受けとめるべきなのか。

その過程に「感動」があり、そして「感動」でないものがもう一つあるとすれば、一つは第3村という「銃後」とそこを支配する母性的なもの、協働的なものが必然として喚起する政治

「構成」の総体としての第3村

【図18】【図19】ミニチュアは「踏切」「線路」「見上げられる建物」といった「カメラを持った男」としての「構成的」なカットの総体である。

性である。

しかし物語構造全体として感じるのはその第3村としての母胎から女性性が支配する戦場でエヴァ、即ち胎内に入り込み胎内回帰の果てに母に父殺しを代行させ、「胸の大きな」マリ(?)という母性のいる場所へと着地する一貫した母性的な場の遍歴である。それが村上春樹でありジブリであることについて詳しく論じたものが読みたければそのことは散々、書いた(大塚、二〇〇九)。だがその結果、人々が連れていかれる彼の故郷の街がカドカワ的アニメツーリズムのひどく安い日本への回帰だとすれば、なるほど、その母体巡礼の物語こそ再「物語」化を求める世界への作り手の「悪意」、あるいは「批評」としてはよくできていると思う。

それを作者が目論んだか否かは、もはや、どうでもいいことだ。

第三章

原形質と成熟

1 「成長」もアニメ的「動き」と捉える手塚の美学

『シン・エヴァ』が「成熟」を主題とするある種のビルドゥングス・ロマンだという議論を散見するが、そうであればまず必要なのは、その「ビルドゥング」のアニメーション史的な意味合いである。当然、その議論は「物語」の水準でなくアニメーション表現の水準でなされるべき問題であるのは言うまでもない。

例えば手塚は「動きの芸術」としての「アニメーション」をこう定義していることをひとまず改めて確かめる必要があるだろう。

> 自分の絵を動かす……これほど人間にとってすばらしい夢があるだろうか。
> 原始時代の洞穴に描かれた絵から始まって、ルネッサンス、バロック、そして近代絵画に至るまで、およそ絵描きなら、自分の絵がいかにも〝生きているように見える〟ように、どんなに工夫、努力してきたことだろうか。
> アニメーションという言葉が、そもそも〝生きもの〟という意味と結びついているのだ。
> そして、生きものは、必ず動く。この動きを絵に描くのがアニメーションだ。
> 動かないアニメなんて、ほんとはアニメーションなんかじゃないのだ。

ここが、アニメと普通のマンガや絵画との大きな相違点だ。
つまり、〝動き〟の芸術である。動くといってもいろいろある。〝運動〟だって動きだし、〝成長〟もそうだ。それから形が変わる——〝変形《メタモルフォシス》〟だって動きである。
ぼくはこの変形をアニメにするのが大好きで、ぼくのアニメにはやたらにこれが出てくる。

（手塚、一九八〇）

つまり手塚にとって「動き」とは短時間の「動作」に限定されない。時間的、空間的に長く広く意識されていることが何より読みとられるべきだろう。即ち「成長」をアニメーションの対象とする「動き」に加えるとともに「変形」に注意を促す。「成長」や「変形」こそが「動き」の本質である、と手塚は言いた気だ。明らかに手塚にとって「動き」とは「成長」や「変形」に重きが置かれるのだが、実はこの二つの概念は手塚の中では近似する。隣接する、といってもいい。そのことは追って明らかになるだろう。

手塚がここでイメージする「成長」は教養小説をビルドゥングス・ロマンという時の「ビルドゥング」である。

ビルドゥングス・ロマンは身体の統治に自己形成を比喩するものだが、内面の領域を可視することが原則の古典的なまんが表現の規則に倣い、手塚は成長しない記号的キャラクターに「成長」する身体を与えた（大塚、二〇一二）。その矛盾が手塚作品の主題となる。

事実、『ジャングル大帝』のレオは赤子から成獣へと「成長」する。即ちキャラクターの「作画」の水位で変化する。この「成長」は中途に二足歩行型、つまりミッキーマウス型のレオを挟むキャラクターの成長物語に伴う「変形」として作中を通じ、視覚的に示される【図1】。ディズニーアニメに於いてミッキーの身体は作中で成長しないが、レオは成長（ビルドゥング）し、そして最後は死を迎え、一枚の毛布替わりの毛皮と化すのである【図2】。そして各自が確認すればいいが、『ジャングル大帝』は主人公レオの教養小説的な自己形成の物語でもある。

このような記号的キャラクターを「成熟」させるという、手塚の戦後まんが史上の「発見」の背後には、「成長」をもアニメーション的なるものと見る手塚の思考があると理解していいだろうし、それによる達成は、積極的に評価すべきである、というのがぼくの立場だ（大塚、二〇〇七、二〇一三）。つまり、ディズニー的記号への身体性の導入という手塚のまんがの戦後に於ける達成は、「成長」さえも「動き」として捉える手塚の「美学」が動機としてある、ということになる。

2　『シン・ゴジラ』という蛭子譚

このような手塚のアニメ＝ビルドゥング論を庵野秀明に接続するために、両者の成長／変形する身体の共通イメージを探すと、手塚の『どろろ』と『シン・ゴジラ』がぼくの中で対比す

ビルドゥングするレオ

【図1】成長し「変形」するレオ　手塚治虫「ジャングル大帝」『手塚治虫漫画全集　ジャングル大帝①②③』（講談社、1977）

【図2】死に、肉を削がれ毛皮となるレオ　手塚治虫「ジャングル大帝」『手塚治虫漫画全集　ジャングル大帝③』（講談社、1977）

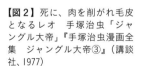

べきものとしてまず浮かぶ。『どろろ』は父親から身体を毀損されて捨てられ成長し父殺しをするというエディプス神話と同一の構造を持つが、直接的には以下の説話からのアダプテーションとして考えられる。

今、是ノ蛭子生レテ骨無シテ練絹ノ如シ。
二神是ヲ海ニ打入玉フ。
龍神是ヲ取奉テ天神ノ御子ナレバトテ養子トス。
三歳ノ時、始テ足、手、目、鼻出ル。（中略）
其後、蛭子兄ノ天照太神ノ御前ニ参リタリ。
（「古今和歌集序聞書三流抄」）

これは「古事記」等で描かれた蛭子の後日譚である。手塚の出身地に遠くない兵庫県西宮神社（夷社）の縁起で、夷三郎とも呼ばれる祭神の出生譚である。「太平記」「平家物語」「源平盛衰記」など説話文学でも蛭子の西宮大明神説は説かれる。同じく近隣の芦屋には都を不穏に陥れた妖怪「鵺《ぬえ》」の死骸が淀川から流され葦船で漂着したともされ、蛭子譚の変形が流布もする地域である。これらの説話を手塚が見聞していた可能性は高い。蛭子は手、足、目、鼻などが「出ル」ことで夷神に外形的に「ビルドゥング」するのである。このような蛭子の姿については「古事記」に記述はないが、「日本書紀」によれば「蛭子」は「年三歳に満りぬれども、脚尚し立たず」とある。エディプス王と同じく足が毀損されている子であったことが示唆される。

ここからただちに庵野秀明関連で連想するのはエヴァンゲリオンシリーズではなく『シン・ゴジラ』であろう。

『シン・ゴジラ』がオタマジャクシの後ろ足が生えたような姿で這うように当初現われ、それが立ち上がり手が生える、という展開をこれも映画を見る前にスマホで最初に読んだ時、ああ、つまりはシン・ゴジラとは蛭子なのだな、とぼくは何よりもまず納得した【図3】。

前章で新劇場版シリーズの特徴が物語構造の導入、もっとあからさまに言えば物語構造に作品そのものをガバナンスさせた点にあることを指摘したが、仮にそれが『シン・ゴジラ』『シン・エヴァ』など四作品の「シン」シリーズの語り直しの基本的な作法の一つであると仮定すれば、言葉を自らは発せずにただ倒されるためだけにいるゴジラという「怪獣」に蛭子譚の物語構造を与え、その意味に於いて主人公化するというのが『シン・ゴジラ』の試みではないか、と思える。

だが『シン・ゴジラ』に於いて作品を統治し、ゴジラを主人公たらしめるために導入されたのは、言うまでもなく『どろろ』と同様に以下の物語構造の発端であることは確認しておく必要がある。


ここに伊邪那岐命詔《の》りたまひしく、「然らば吾と汝とこの天《あめ》の御柱を行き廻り逢ひて、み

とのまぐはひ為《せ》む。」とのりたまひき。かく期《ちぎ》りて、すなはち「汝は右より廻り逢へ、我は左より廻り逢ひはむ。」と詔りたまひ、約《ちぎ》り竟《お》へて廻る時、伊邪那美命、先に「あなにやし、えをとこを。」と言ひ、後に伊邪那岐命、「あなにやし、えをとめを。」と言ひ、各《おのおの》言ひ竟へし後、その妹に告げたまひしく、「女人先に言へるは良からず。」とつげたまひき。然れどもくみどに興して生める子は、水蛭子。この子は葦船に入れて流し去《う》てき。（倉野、一九六三）

このエディプス神話と同一構造の日本神話は、しかし、発端しかない物語である（大塚、二〇〇九）。

高貴なる両親が禁忌を破り（この場合は女性から男性を誘うこと）、その結果として特異な子供が誕生し、その子は小舟に乗せて流される。かつてフロイト派のオットー・ランクは、このような発端を持つ神話群を「英雄誕生の神話」と呼んだ。この古代日本でローカライズされていたエディプス神話はその成長の「物語」に身体的な「ビルドゥング」が強調されている点が特徴的である。しかし日本最古のこの物語は、奇妙なことにここで終結している。英雄神話として後段を持たない。

正確にはもう一人子供が生まれ、また流され、その後は父母神によって「国産み」がなされる。しかし「蛭子」と呼ばれたこの子供の運命は「古事記」でも、あるいは「日本書紀」にも同様の導入部の挿話があるが、その運命は語られない。語られるのは先に見た「民間説話」である西宮神社の縁起であるが、ランクが示した様々な文化圏の英雄たちは、小舟に乗せられて遺棄された後、下層民や獣に拾われて育てられ、やがて出自を知り、父の前に現われ、これを殺すというエディプス神話共通の「物語構造」を持つ。しかし民間説話化した「蛭子」は父殺しの運命を持たない。その点でエディプス神話から「解放」されている。

すなわち民間説話化した「古事記」のこの物語はその発端で禁忌を破り子が「畸形」として生まれるという要素がありながら、父殺しの予言と、何より流離され、自身の出自を知り、父殺しを最後に遂げる、という物語の中盤以降の展開の一切が失われてしまっているのだ。その理由を想像することは簡単で、父殺しの予言がなされ、それが達成されれば、皇室の祖としてのイザナギ殺しを意味する。天皇家の統治の正統性を根拠付ける政治目的があったはずの「古事記」で、天皇殺しの神話を自ら記載することができるはずもない。無論、千数百年前の神話の編纂者の政治的意図など想像でしか語れないが、しかし「古事記」編纂時、日本とやがて呼ばれる地域にランクのいう英雄誕生神話に類する構造の物語が存在し、その一部分、発端のみが「古事記」に編纂時に採用され、残る部分は封印されたことだけは仮定してもよいだろう。柳田國男がフレイザーの『金枝篇』の翻訳に難色を示したのはこれが「王殺し」をモチーフにするからだという説があるが、柳田は禁忌された説話の所在に敏感であったということなのかもしれない。

対して『シン・ゴジラ』は物語の構造にガバナンスされながら禁忌破りも父殺しもない。

しかし、これがヒルコの物語であり、そして、その物語構造が発動しているから、何故、ゴジラは海から陸へと手足を生やして立ち上がり帰還したのかという点に疑問を挟む余地などない。ただ批評が言及しないだけだ。

ゴジラが何のためにどこに向かったかなど明らかではないか。『シン・ゴジラ』をめぐる議論で「天皇」が描かれない、つまり皇居を襲わないいし、皇室の避難について検討するシーンがないことを菊のタブーと結びつけたり、ゴジラそのものを太平洋戦争の「英霊」と結びつけての天皇詣でとする議論が批評界隈であったが、サブカルと民俗学を結びつけるなという批判はこういう時はスルーされるのかと感心もする。

しかしゴジラが霞ヶ関を破壊し、東京駅で動きを停止した時、向いていた方角はどう見ても皇居である。なぜ、映画をちゃんと見ていないのか。体内に凍結液を注入されて身を乗り出した方向も、立ち上がって凍結した後に向いたのも皇居であって、ゴジラがどこに向かっていたのかはどう考えても明らかではないか。シン・ゴジラは「身体」と「行動」のレベルでは物語構造にガバナンスされているのである。

ただ、ここでは『シン・ゴジラ』論になるので深入りしないが、この「世界」には天皇は存在せず（事実として描かれない）、したがって丸の内で立ち尽くすしかないのだ。

もし『シン・ゴジラ』をどうしてもポリティカルに読みたいならこれは東京に於ける「塔」建築の物語である、とはいえるだろう。ゴジラという「塔」が作中では存在しない皇居前で凍結させられて巨大なオブジェと化す。そういう天皇なき都市構築の物語なのだ、ぐらいの皮肉を描くのが「批評」ではないか。『シン・ゴジラ』だけでなく、例えば古市憲寿の小説『平成くん、さようなら』（二〇一八）やTVドラマ「日本沈没」（二〇二一）など「令和」以降の無自覚な「天皇なき世界」については「父殺しの不在」とも絡めてこの先は誰かが論じればいい。「庵野秀明展」の目録にはシン・ゴジラの第五形態が描かれるが【図4】、それは明らかにローアングルでこそ描かれるべき「塔」である。そう考えれば、『シン・ゴジラ』の身体が赤くなったポスターがローアングルのエッフェル塔の構図であることもうなずける【図5】。シン・ゴジラも赤いエッフェル塔も同種の表象なのだ。ゴジラは「塔」として見上げられ続けたが、庵野はそれを徹底した。ぼくは別の場所で『シン・ゴジラ』の世界は天皇なき世界だと論じたが（大塚、二〇二〇）、エッフェル塔はフランス革命後のパリがようやく獲得したアイコンであるのだから、シン・ゴジラ塔の造られる東京にもはや天皇が存在しないことに何の矛盾があるのか。

ちなみに『シン・エヴァ』では「父殺し」を主人公が求められ、しかし第三者によって代行されるという村上春樹が『ねじまき鳥クロニクル』や『海辺のカフカ』で用いた手法で回避される。物語構造上の「機能」は同一であるキャラクターとのすり替えが工学的に援用される。

しかし他方で身体的な変形／成長が物語論的に父殺しを引き寄せるエンジンは庵野作品でも起動している。

そして、このような身体が「成る」というキートーンは自分のジェンダーを受容できない少女どろろや、『シン・エヴァ』なら一四歳に固定されたアヤナミレイ（仮称）や式波アスカの身体と対置もされることで主題そのものをつくり出す。すなわち工学的に実装された物語に於いては実装された物語構造が主題そのものを「つくる」のである。

こうして見た時、『シン・ゴジラ』は物語構造を実装しながら世界から天皇を消去した結果、「ビルドゥング」だけが剝き出しになったことが確認できよう。

そしてこの「剝き出しのビルドゥング」そのものへの嗜好は手塚から庵野へと通底するものだ。

それは手塚治虫が「妖怪」について珍しく描いた「親愛なる妖怪たち」という六二年のエッセイに見てとれる。『三つ目がとおる』『どろろ』といった「妖怪まんが」を描く以前である。

ここで手塚は奇妙な「妖怪好き」を告白する。

一方、土佐光信がえがいた「百鬼夜行図」。これは私の一番ゴキゲンなものだ。手水鉢やツヅラや手鏡が、夜半ともなるとゾロゾロと人間に化けて（化けたつもりで）くり出してくる。一方では、モノノケたちが一生けんめい美女になりきろうと苦心しているが、ご面相はともかく、からだはまるっきり動物のままである、といった調子で、シニカルな惨酷さがあふれている。

（手塚、一九六二）

ビルドゥングするゴジラ

【図3】ヒルコとしてのシン・ゴジラ　『庵野秀明展図録』（朝日新聞社、2021）

【図4】塔としてのシン・ゴジラ　『庵野秀明展図録』（朝日新聞社、2021）

【図5-1】ローアングルのシン・ゴジラ　庵野秀明監督『シン・ゴジラ』（2016）ポスター

【図5-2】『庵野秀明展図録』（朝日新聞社、2021）

手塚の「妖怪好き」自体はどうでもいい。しかし、その嗜好が土佐光信の「百鬼夜行図」の中に「モノノケたちが一生けんめい美女になりきろうと苦心」しながら「からだはまるっきり動物のまま」の「化けたつもり」であることが「ゴキゲンだ」と語られることには注意したい。手塚の言う「妖怪」、ここでは小松和彦が問題とした付喪神だが、器物が人に化けるその過程が露呈していることへの偏愛を語るのである。シン・ゴジラもゴジラへの「過程」の地を這うゴジラのある種の無様さを含めて、第一から映画では未使用の第五形態まで分割して見せたのである。つまり過程を「露出」させたのである。

ここで妖怪論を語る必要はないとはいえ、江戸期に妖怪画によって図像としてはキャラクターとして固定された「妖怪」を所与のものとしている現状の妖怪論が見落としている視点がある。江戸期の妖怪についてはキャラクターとして商業的に認知されているという指摘が今は主流で、つまり異形のものとしての外形が固定されたキャラクターとして妖怪はある。しかし、手塚が示すのは身体の形態の「変化」の過程に対する関心である。言うなれば妖怪の身体性への関心である。手塚の関心はディズニー的なキャラクター記号に「身体」を見出した手塚であれば当然の視座である。手塚はこのエッセイの後、殆ど石燕型の「妖怪」を描いていないが、それは水木しげるの専売特許だからというわけではなく、そもそも手塚の「妖怪」への関心のあり方がかくも異なるからなのである。

私は妖怪変化が大好きだ。といっても、人間が、まともに妖怪化したのより、ぎゃくに森羅万象が人格化されたもののほうが好きだ。

くそリアルな日本製幽霊クンや、フランケンシュタインの怪物先生なんかは、その前世が人間だけに、なんだか現実的なぶきみさしか感じない。

（手塚治虫、一九六二）

ここで手塚が述べている「美学」は、人間そのままの姿に近い「妖怪」ではなく「変化」への関心であることが改めて確認できる。「森羅万象」の「人格化」とは、後で述べる「擬人法」と関わってくる問題でもある。こういう「美学」があるからこそ、手塚はキャラクターとして固定された「妖怪」ではなく、化けそこないの姿、つまり「変化」の過程が顕わになった画像に好意を寄せるのである。その手塚はまたこうも述べる。

乱歩先生のもので一番印象がつよかったのは、「一寸法師」でも、「芋虫」でもなく、「パノラマ島奇談」にチョイ出であらわれる、白鳥とも女ともつかないようなバケモノだったし、ウエルズので、しばしば読み返したのは、「タイム・マシン」より「モロー博士の島」だった。あの中で豚やナマケモノが人間化され、また本来の姿にもどっていく過程は、残酷なスペクタクルだった。映画化されたら、およそチャチなゲテモノになるにちがいないあの作品は、文学だからこそ描けたのだ。

（手塚治虫、一九六二、傍点は引用者）

このように手塚にとって「妖怪」に関わらず「バケモノ」への関心は一つは「動物から人へ」という変化、そしてその変化の過程そのものへの関心であることが確かめられるだろう。その意味で庵野『シン・ゴジラ』の「剝き出しのビルドゥング」は手塚へとやはり通底する。手塚ファンであれば『バンパイヤ』の変身シーンに「人から獣」だけでなく、「獣」から「人」に戻る姿の描写にも執着していることが思い起こされるだろう【図6】。

しかし、このように手塚作品の中の「変形」なり「変身」なりという主題（まさに手塚にとってはテーマである）を見出すという議論は手塚の読者たちにとってはあまりに当り前の視点である。それは手塚論の中では殆ど定番とさえいえる論点なのである。だから、「動物から人」へという関心と「過程」への関心のそれぞれは、前者は既に触れた「擬人法」、後者は「メタモルフォーゼ」という手塚自身が好んで用いたキーワードに自然に行き着くことになる。

手塚作品に於いていかに方法と主題が一体化しているかについては『アトムの命題』等を参照されたいが、「変身」という主題はやはり「擬人法」という「方法」とまず結びつけられるべきだ。というのは、手塚の「まんがの描き方」を巡る発言では映画的手法についてとは対照的に「擬人法」についての言及が突出しているからである。

とりあえず、「擬人法」についての手塚の語法を確認しておこう。

最初に確認しておくが、手塚の「擬人法」は、「国家」から「兵器」まで、言うなればその「イデア」を「萌え」なり美青年なりの人間型キャラクターとして表現する、という意味での今のおたく表現の「擬人化」とは全く異質のものである。対して手塚の「擬人法」はもっと身体的なものである。正確に言えば対象の身体化そのものが「擬人法」なのだ。この「擬人法」は手塚の作画論の中で重要な概念であり、手塚は生涯にいくつかのまんが入門書を残しているが、その中で常に最重点で言及される「方法」なのである。

そもそもおおよそ手塚の一連のまんが入門書の中で作画法については三つの方法論が示される。

一つは「円」の構成体としてキャラクターを描く方法である。これはディズニー受容の過程で日本のアニメーターたちが行ったミッキーマウスなどの構成主義的な解釈の継承であるといえる。

アニメーションの動きをギクシャクさせずにスムーズに見せるためには、円運動を基本としたアクションが必要であり、それにはあのスタイルが、もっとも便利だからなのだ。

ミッキーマウスやドナルドダックのようなシンプルな主人公から、白雪姫や王子といった複雑なキャラクターまで、骨子はやはり円か球体であり、絵描き達はまず下描きに重なりあった丸を描くことから始めるのだ。そしてこの描法は、日本の動画家達のあいだでも長いこ

とぬけ出せなかったのだった。　　（手塚治虫、一九七三）

このような円（あるいは球）の構成体でキャラクターの骨格を示す作画法は、手塚のキャラクター論の定番でさえあるが「動物たち」、つまりアニメーターたちの基本的な手法だからだ。それを円運動と結びつけていることに注意していい。

他方でアニメーターの円運動への執着は例えば円定規で動態の作画をしていた金田伊功のアクションシーン（これは本人が作画する様子を編集者時代に見せてもらった）や『シン・エヴァ』のマリが登場するエヴァの人間の身体の可動域を超えた円運動の過剰さといった場面に「美学」として露呈されているといってよい。

二つめは、「キャラクターとはパーツの組み合わせである」という、いわゆるまんが記号説に連なる考え方である。

この二つの「描き方」がディズニー的なキャラクターの「書式」として一九三〇年代の日本まんがのキャラクターの形成にいかに影響を与えたかについては、『ミッキーの書式』（大塚、二〇一三）に詳しいのでここでは繰り返さない。『エヴァンゲリオン』の貞本義行の場合、手塚的＝ディズニー的なものの上に少女まんが的＝ミュシャ的なものが合流しているが、同時に最初期の庵野の習作のキャラクターは手塚スタイルである。このアール・ヌーヴォー様式はおたく文化の中で例外的に戦時下以前に遡及し得る様式である。更に遡り、日露戦争下に流入した様式ではある。

そして三つめの「描き方」こそが、今、問題にしている「擬人法」である。

例えば手塚が『漫画少年』誌上で連載したまんが創作入門「マンガ教室」の中に「擬人法」の一章が見られる。キャラクターの構成主義的作画法や記号説的な言及が登場するのは後に描かれたまんが入門書に於いてであって、手塚の作画論、キャラクター論に於いては「擬人法」への言及の方がはるかに早いのである。この「マンガ教室」の「擬人法」の章は、後に出版されたまんが入門書『まんが専科初級編』の中にもリライトされて再録されている。同書では「デッサン」については紙の裏側から透かしてみて歪んで見えなければそれでいい、と実に身も蓋もない記述があるが、そのような絵に対する、過剰な淡泊さの一方で「擬人化」についてとは五頁に渡ってまんが形式でわざわざ説明されるのだ。

では手塚の言う「擬人法」とは何か。同書の「擬人法」での言及を手懸かりに確認しよう。

興味深いのはまず「ヤカンを擬人化するには目ハナを描いて胴体をつければ」「いちばんカンタン」だが、それは「ほんとうの擬人法」ではないと否定することである【図7】。

この「モノ」にただ手足をつけた「擬人法」はまさに「付喪神絵巻」や「百鬼夜行図」に採用される「妖怪」の書式である。つまり、化け損なわない、つまり変形しない限り付喪神系妖怪の画像でさえそもそも手塚の美学の関心外ということになることがわかる。

その上で手塚は「ほんとうの擬人法」について改めてこう説明するのだ。

「ほんとうの擬人法とはその形だけを使って」
「人間化することじゃ」
「まんがというものはありがたいもんだ　まるで魔法のように　生きていないものまでが生きてるように」
「人間の姿でわれわれとつきあえる……これをアニミズムという　アニメーションはそれからできたことばだ」

（手塚治虫、一九六九）

手塚はここで「アニミズム」を持ち出す。いわば「生命化」が「擬人化」である、と主張するのである。先ほどの引用内の「森羅万象」の「人格化」と重なってくる部分である。

注意すべきは、ここでアニメーションの語の出自としてしばしば言及されるアミニズムが、「擬人法」という作画上の美学との関わりの中で論じられている、ということだ。アニミズムの使用に於けるこの文脈の違いは極めて重要である。どうやら手塚の言う「アニミズム」とは「擬人法」による自然物から人への変形の技法をイメージするもののようなのだ。そのことは「風神雷神」は「ただの空想動物」として退けられることでも明らかだろう。確かに「風神雷神」は自然のイデアリズム的形象化であって、これは今日的な意味でのイデアの人間キャラクター化、例えば鉄道の路線ごとの「らしさ」のキャラクター化といった類の「擬人化」である。

変身の過程と擬人法

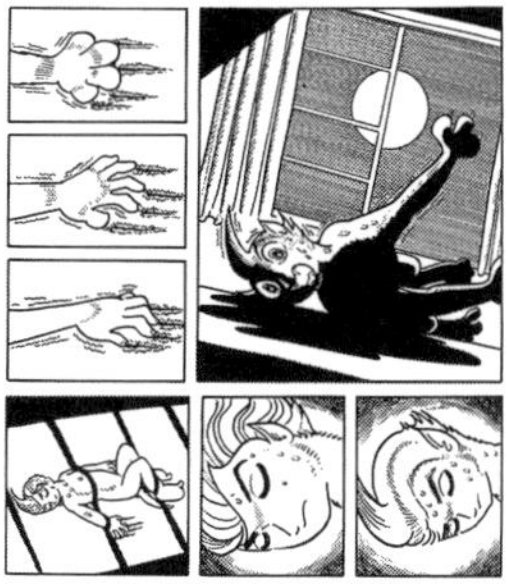

【図6】「変身」の「過程」への執着　手塚治虫「バンパイヤ」『手塚治虫漫画全集　バンパイヤ①』（講談社、1979）

【図7】手塚は「擬人法」を「手足をつける」のではなく「変形」だと主張した。手塚治虫『漫画教室』小学館クリエイティブ、2010（『漫画少年』学童社、1952年4月号～54年5月号）

そもそも手塚のまんが記号説に対する一般的理解は、手塚の「絵」をリアリズムでなくイデアリズムであるとするものだが、これは正しくない。イデアリズムで創られたキャラクターをリアリズムで突き破ろうとしていた、と考える方が正しい。手塚は無数の記号的キャラクターを創出しながら、キャラクターという固定された表象に対しては絶えず違和を表明してきたのである。そのことがまんが記号説を嘯《うそぶ》きながら、一方で、キャラクターに「性」や「成長」や「内臓」さえ実装してきた動機だとさえいえる。キャラクターでありながら反キャラクターである。このような手塚の思想から見た時、固定化されたキャラクターである限り、妖怪であろうが人間であろうが、そして人造人間であろうが、関心の外にあるのは当然である。だからアトムは「成長」という理不尽を父から碇シンジの如く求められもする。

さて、手塚は「擬人化」の説明でアニミズムとしてのアニメーションに言及した。

その問題に戻る。

これは通常のアニメーション・アニミズム説の文脈からは解離する。「アニミズム」を日本人の固有信仰として、「ポケモン」は万物に神を見出す日本の伝統の反映と主張する問題外のクール・ジャパン的議論は別として、主としてアニメーターの側からなされるのは、アニメーションの「動画」こそがアニミズムであるというロジックである。そこには動くことイコール生命の付与という短絡性が少なからずある。それはアニメーターが「動画」を自らのアイデンティティーとする傾向と結びつき、「動かない」リミテッドアニメとしてこの国のTVアニメーションを始めた手塚へのヘイトとさえなっている感がぼくなどにはある。だが、手塚のアニミズム・アニメーション説はやや趣きが異なる。それが看過されがちでもある。そもそも手塚にとっては「動画」に於ける「中割り」も「変形」の表現技術に他ならない。

この中間のポーズの絵が、すこしずつ形を変えながらたくさんあればあるほど、二つのコマの間の動きはスムーズになるのだ。

さあ、これがアニメの原則である。アニメをやる人は、どうしてもこれになじんでもらわなければならない。これは「動画」または「中割り」といわれ、これができなければ、あなたはアニメをやる力がないことになる。

さて、ある形から別の形へ変わるには、時間というものがかかる。時間なしに物体が動いたり変わったりできはしない。いくら瞬間的にといったって、そこにはほんのわずかでも時間がかかっているのだ。だから物体が動くには、ある一定の時間のうちになにがどう変わるかということが重要なのだ。

（手塚、一九六九）

ここでも手塚の中には「運動」さえも「変形」と捉える奇妙な美学があることが改めてわかるだろう。そしてぼくが「美学」と敢えて言うのは、このような「変形」への執着をエロティシズムとさえ手塚は語るからである。

私が、アニメーションに魅力を感じる理由は、私の描いた絵が生命を持ったように動くという点以上に、その絵のメタモルフォーゼの娯《たの》しさのためです。メタモルフォーゼに私は一種エロチシズムを感じると同時にそのものが生きているという証明になり、たまらない魅力を感じるのです。

（手塚治虫、一九八七）

つまり「動く」ことではなく、手塚は「メタモルフォーゼ」という現象に生命、すなわちアニミズムを感じるというのである。そしてアニミズムはエロティシズムへ通底するものなのだ。これはかつての『エヴァ』ブームに於いて綾波レイの出自とされたハンス・ベルメールの球体関節人形に於ける変形する身体【図8】のエロティシズムに通底するものでもあるだろう。その時、なるほど手塚治虫が少年まんが誌に「性教育」を持ち込もうとした作品『ふしぎなメルモ』がキャンディーで受精卵から成人女性まで自在に変形＝成長するキャラクターである、ということもまたひどくうなずけるのであるが、ここには後述する手塚に於けるゲーテの原型質論に接続する必要がある。だからアニメーション版『メルモ』では、幼女から成人女性への「変化」がアニメーション技術を以てエロティックに描かれていて、手塚にとって身体の変形そのものがエロスなのであるとまでは述べておく。

3　「変身」「変形」への執着

そして手塚が「メタモルフォーゼ」への関心を改めて主題としたのが、そのままに『メタモルフォーゼ』と題された変身をテーマにした連作である。ちなみにその中の「べんけいと牛若」なる回では、主人公の精神的「変身」、つまりビルドゥングス・ロマンが改めて描かれていることに内的な成長も変身の一部を成すことが再確認される趣向である。

しかしここでは手塚の身体の「メタモルフォーゼ」、つまり「変身」への執着について今少し探ることにする。「シン」のユニバースの内『シン・ウルトラマン』『シン・仮面ライダー』のキートーンが「変身」であり、それが手塚―シン・ゴジラ的な身体のビルドゥングと一致するのか、しないのか、議論の題材を揃えておく必要があるだろう。

同作の「あとがき」で手塚は再びこう証言する。

ぼくは〝変身もの〟が大好きです。

なぜ好きかというと、ぼくは、つねに動いているものが好きなのです。物体は、動くと形が変わります。いつまでも、静かだったり、止まっているものを見ると、ぼくは、イライラしてきます。動いて、どんどん形が変わっていくと、ああ、生きているんだな、とぼくは認め、安心するのです。

ぼくはちいさいころ、よく、こんな夢を見ました。なんだかわからないグニャグニャしたものが、ぼくのペットなのです。ぼくは、そのペットを連れて町を歩いています。そのグニャグニャしたものは、人間のようになったり、ウサギや犬や鳥になったり、奇妙な怪物に変わったりします。ぼくはそれを、すごくかわいがって友だちのように仲よくしているのです。

ぼくは、アニメーションにこり出したのもアニメだと、この変身――メタモルフォーシスが自由に、奔放にできるから夢中になってしまったのでしょう。

こういうわけで〝変身〟は、ぼくのマンガの大きなひとつの要素です。調べてごらんになるとおわかりですが、どのマンガにも、どこかに、変身――姿を変えたもの――のテーマがかくれています。リボンの騎士も、アトムも、0マンも、マグマも、ビッグXも、もちろんW《ワンダー》3や三つ目や悟空など、変身ものの典型でしょう。そこで、この「メタモルフォーゼ・シリーズ」も、そのつもりで、いちばん出しやすいテーマのシリーズのつもりで連載を始めたのです。

（手塚、一九七七）


ここで手塚は新たに何にでも変形する「なんだかわからないグニャグニャしたもの」という新たな「メタモルフォーゼ」のイメージを示す。このような手塚のフェティシズムの対象としてある、何にでも変形し得る存在は、『火の鳥　未来編』に登場する不定形生物ムーピーとしてキャラクター化されている【図9】。
何よりこの不定型なものへの偏愛が、アニメーションの美学へと通底するとさえ手塚は言う。それは蛭子的、シン・ゴジラ的美学ともそう遠くはない。しかし、この「不定形で自在に変形する何ものか」とアニメーションの美学を結びつける感受性は、実は手塚治虫だけのものではないのである。

4　エイゼンシュテインの原形質とゲーテの形態学

一九四一年にディズニーのアニメーションについてこうノートに書き残した人物がいるのだ。

彼の作品の特徴的な性質を考え、それらを解き明かしてみよう。
まず、Disney の映画にみられる特徴を列挙してみよう。
それらは、アニメ化された絵である。
一筆書き。
擬人化した動物達。
一層アニメ化された（人間的魂を持っている）。
完璧な共感覚（視覚と聴覚）。

変形の、二つ（両方）の感覚において―主題（subject）と形式の両方で。

Merbabies のような物（タコがゾウを「演じ」、しましまの金魚は―トラになった）。

原形質的起源、言い換えると、全ての可能な役者を想定して、多形態を持った主題、例えば火の使用がある。

（エイゼンシュテイン、二〇〇六、傍点は原書ではイタリック、以下同）


実はこれはセルゲイ・エイゼンシュテインのノート「On Disney」の中の一節である。一九四一年のノートとされる。エイゼンシュテインは未発表の草稿を大量に残しているが、その中にはディズニーについてのノートが含まれているのだ。これらのノートは英訳されて刊行される一方、ディズニーについての部分のみが仏語訳などで出版されてもいる。引用はぼくが大学の授業用に用意したロシア語の英訳からの更に日本語訳という重訳なので、日本語としてわかり難いが、御容赦いただきたい。

エイゼンシュテインはディズニーの中の「炎」が自在に変化し、それこそが「擬人化」「生命化」される様子から、ディズニーの表現の根幹にあらゆるものに変化し得る「原形質」をイメージしたのである。ここで原形質と呼ばれているのは厳密には生物学的なものでなく、ゲーテの形態学に於ける「原植物」「原動物」に近いように思える。ゲーテの「原植物」「原動物」には一種のイデアリズムが根底にあって、生物の中には「理想」的なもの、つまりイデアへと「形成」していく「原形」のようなものがある、という考え方がある。イデアリズムから自然科学へと生物学が変容していく過渡期の思想としてゲーテの形態学はあるといえる。

ゲーテの形態学の問題は後でもう少し触れる。ひとまず、エイゼンシュテインのディズニー論に戻る。

言うまでもなく手塚はエイゼンシュテインの未発表ノートを読み得るはずはない。しかし両者のアニメーション論はかなり近いのである。

ここでもう一点、エイゼンシュテインのディズニー論で注意すべき視点がある。それは「メタモルフォーゼ」が「進化論」のイメージでも語られることである。

エイゼンシュテインがディズニーの「変形」に見出すのは、以下の如き「進化」の逆説であることは注意していい。

> アニメ化されたこと（animatedness）と動くことは分離できない（統一体）という条件は、すでに深いところで先祖返り（atavistic）であり、原始的な思考の構造と完全に調和している。
>
> Disney は獣たちを持っている。
>
> 人間化した獣たちである。
>
> Tiens!
>
> 「サルの人間化」という主題は、人間（human）の進化の歴史において重要である。（参照。Engles とこれにおける労働の役割）

（中略）

効果的である唯一のものは、その表現の形式において、（獣の擬人化は殻ではないのか―著者が自身に課した内容に関わる作業に対して物語の適切な形式、Reineke におけるGoethe, Batachomyomachia におけるギリシャ人、あるいはMickey Mouse におけるDisney）、進化の観点から、歴史的（退行的）な何かである。真にダイナミックな過程はその形式的な（静的な）適用によって置き換わるのは、滑稽である。

（エイゼンシュテイン、二〇〇六）

つまりエイゼンシュテインは「擬人化」とは「進化」への反逆と捉えているわけだ。こういった思考はゲーテの形態学を継承した三木成夫が『胎児のメタモルフォーゼ』の中で、脊椎動物の上陸史という進化論上の「生命記憶」が象徴的に再現されると主張したことを思い起こしもする。三木もメタモルフォーゼを「進化」の文脈で受けとめるが、三木と手塚はほぼ同年代である。手塚にゲーテの形態学がどこまで影響を与えたかについては別途に検証が必要だが、手塚は医学者であり昆虫少年でもあるが、その理系的教養の基調にも恐らくは通底する美学はアニメーションの作法や擬人法といった手塚のまんがの方法を実は他方向から規定していると考えられる。手塚に於いては「進化」もまたメタモルフォーゼであり、その「過程」にこそ「妖怪」を含む「擬人法」的キャラクターは見出されるということになる。

とはいえ、やや論が飛躍しすぎたかもしれないので巻き戻そう。ぼくは手塚とエイゼンシュテインのアニメーション論の背後にゲーテ的なメタモルフォーゼ論が見え隠れする、と記した。だから「文学」や「美術」に於ける生物学、特に「原形質」イメージの実装は本章は最大限に注意を払いたい。

こういったゲーテ的な形態学が改めて注目を浴びるのは戦後である。

この点で思い起こされるのは、花田清輝が戦時下に書いたエッセイに、戦後、ゲーテの形態学についての一章を付して、『復興期の精神』として刊行されていることだ。花田は戦時下の彼のエッセイ群に、新たにゲーテについての論を付すことで「戦後」に接ぎ木した。それが『復興期の精神』である。しかし花田はゲーテの形態学を以て何を戦時下から戦後に繫ごうとしたのか。

花田のゲーテ形態学論である「変形譚―ゲーテ」と題する小文を改めて確認してみよう。その中で花田が古典からカフカに至るまで「変形」を描いた小説群を列挙し、このような「不満」を述べている点に注意したい。

> 私の不満の最大の原因は、あらゆる作家が、変形の事実については、かなり詳細に報告を試みているにも拘わらず、いずれも軌を一にして、変形の方法については、故意に沈黙を守っていることにあった。いかにして人間が人間以外の動物や植物や鉱物に転身することができるのか。或いは又、いかにして動物や植物や鉱物になった人間が、再び元の人間

の姿に復帰することができるのか。問題はここにある。敢えて非科学的という所以のものは、方法論《メトーデンレーレ》を欠いた科学というものは考えられないからである。

（花田、一九四六、傍点引用者、以下同）

花田は「変形」の「方法論」への言及を作家たちが常に怠ってきたことを批判する。そしてこうも続けるのである。

しからば、私は、まず変形の実践方法を問題とする前に、変形の認識方法を、徹底的に究明すべきではあるまいか。おそらく今日の作家が、昔の作家よりも我々の変形の実践にたいし頗る寄与するところの少いのは、かれらがあまりにも深く、ダーウィンやドーフリーズの理論を信じすぎているためではないのか。我々は、あらゆる先入見を去り、新しい認識方法を確立し、あらためて変形の事実を、厳密に把握する必要があるのではなかろうか。たぶん、一種のゲシュタルト・テオリー——或いはまた、比較形態学の方法が、課題の解決にとって不可欠であろう。この点において、ゲーテの認識方法は、私に多大の示唆を与える。

（花田、一九四六）

ここで花田の「比較」形態学なる方法による変化のトレース方法が前章で見た柳田の「比

較」による民俗文化の形態変化の過程を再構成する方法を彷彿とさせるのは恐らく偶然ではない。これさえも戦時下の映画的思考の戦後に於ける「引用」に他ならない。

花田は「今日の作家」の「変形」への鈍感さは進化論を所与のものとし、「変形」への認識方法への模索を忌避している点にある、とする。エイゼンシュテインがディズニーに進化論への反逆を見出したのはその逆である。エイゼンシュテインはディズニーに「変形」の方法論を見出しているのである。アニメーションに於ける方法と生命の進化の方法（進化論）との類似性にエイゼンシュテインは興味を示している。

確かにカフカの小説では物語は「変身」した後から始まる。こういった「方法」への探求を作家たちはカフカの「変身」でさえ欠いている、と花田は言いたいのである。対してゲーテの形態学のまさにビルドゥングのイメージも手塚の妖怪が変形する過程への執着や「擬人法」という「方法」への拘泥も恐らくは花田と重なりあってくる関心である。

だから花田が導き出すのはやはりゲーテなのである。

もっとも、ゲーテは、ゲシュタルト（形体）という言葉のもつ固定的なひびきを嫌い、わざわざ、ビルドゥング（形成）およびウムビルドゥング（変成）という言葉を用い、この二つのものの生成過程として、植物の変形《メタモルフォーゼ》を把えている。ゲーテの変形論の意図が、正統派リンネの、種族的固定性の主張にたいする否定にあったことは、この用語法だけからでもうかがわれる。しかし、聡明なゲーテは、必ずしも変形の過程のみを強調せず、変形の運動は重大であるが、遠心力にすぎず、これにたいして、一度実現されたものにあくまで執着する能力が、絶えず求心力として加えられなければならない、と断っている。浪漫派のベルグソンのエラン・ヴィタールとともに、古典派のバビットのフラン・ヴィタールもまた、みとめざるを得ない、というわけである。したがって、一方の焦点に生々流転する変形の過程があり、他方の焦点に確乎不動の種族的固定性があり、これら二つの焦点を基点として描かれた楕円こそ、ゲーテの自然科学の象徴であるとするマイアーの説は、浪漫派的観点からは種々の批判もあるであろうが、極めて正確であるということができる。

（花田、一九四六）

興味深いのは、このような花田が読みとったゲーテのビルドゥングの「方法論」である。つまり一方には原形質があらゆるものに「生々流転する」変形の可能性があり、しかし他方でそれは種族的固定性という引力に常に引き戻される。そのような「二つの焦点」からなる重力場とでも言うべきものを花田は「楕円」と呼んでいる。原形質は何にでも成り得るが、しかし内なるものの所在によってイデアリズム的に規定されビルドゥングする。つまりは「変形」は無秩序でなく形態A→形態Bへの「変身」や「成長」となる。

こういった花田のゲーテの理解が間違っていないことはゲーテが形態学的メタモルフォーゼをモチーフとした以下の詩の中にも確認できるだろう。

いかなる動物も自分自身の目的である。
それは自然の胎内から完全なものとして生まれ、完全な子供を生みだす。
四肢はすべて永遠の法則に従って形成され、
きわめて稀な形にも密かに原像が保持されている。
（ゲーテ、二〇〇九）

原形質はこのように自在であると同時に内なる形式性に規定されている。花田が強調したゲーテ論は「記号」と「身体」との相克を描き続けた手塚的主題と奇妙に重なり合うだろう。もう少し手塚を念頭に置きつつ、ゲーテについてノートをとっておくことにする。ゲーテが植物学や動物学の領域で「形態学」なる議論を展開していることは知られるところだ。このあたりはぼくはドイツ文学にも全くの門外漢だから、文庫本で手に入るレベルの材料によるしかないが、ゲーテは「形態学」ないし「形態」をこう定義する。

しかし、すべての形態、とくに有機物の形態をよく眺めると、どこにも持続するもの、静止するもの、完結したものが生じてこないことに気がつく。むしろ、すべてのものは絶えず揺れ動いているのである。
（ゲーテ「形態学序論」より引用、二〇〇九）

形態学が包含するのは形態、有機体の形成と変形に関する学説である。それゆえ、それは自然科学に属しているが、これらの自然科学の特別な目的を以下に検討してみよう。

（ゲーテ「形態学一般に関する考察」より引用、二〇〇九）

つまり「形態」とは、静止したものではなく「形成」し「変形」するものであるという。「形成」とは成長であるから、やはり手塚のアニメ観に正確に重なる。そもそもゲーテのこの形態論が自然科学的領域に留まらないのは、「形成」とはBildungと表記され、即ち「ビルドゥングス・ロマン」の「ビルドゥング」に通底する概念でもあるからだ。ぼくは手塚が戦後の「ストーリーまんが」の中に持ち込んだものの一つが、教養小説的な枠組、人格形成をしていく主人公という概念であり、それが例えばさきに見た『ジャングル大帝』におけるレオの成長となって顕われもしているとも主張してきた。

戦後まんが・アニメーションの物語構造の特徴はそれが「教養小説」的枠組みだということである。手塚の中で、レオの形態上の「形成」の視覚的表現と、レオの人格の「形成」のストーリー的表現は不可分であった、とぼくは理解していいと考える。

だから本書では踏み込まないが、日本に於ける教養小説的教養と身体のビルドゥングの接合による政治的な「青年」、組織化、つまりヒトラーユーゲントの日本ローカライズとしての「青年団」の所在は注意しておいた方がいい。このような集団や場のもたらす「教養小説」性、身体的労働を介しての人格形成は「第3村」に見られる圧力である。その圧力でシンジは彼のビルドゥングス・ロマンを起動し、結末の成長に至らせる一方、アヤナミレイ（仮称）を殺しもする。

話を戻せば、ゲーテの「形態学」は同時にこのような「形成」「変形」の背後に「原動物」「原植物」といったあらゆる動物ないしは植物に形成し得る可能性を内在する「原形」を仮定していた。これはエイゼンシュテインの言うアニメに於ける「原形質性」に近似した概念である。

こうしてひどく大雑把に対比してもエイゼンシュテインのディズニー論、手塚のアニメーション論の背後にゲーテの形態論的な思考が見え隠れすることがわかる。

以上の大急ぎの議論を経て、ようやく手塚が私家版『ロストワールド』の中でこういった何ものにもなり得る「原形質性」というイメージを植物から抽出した「海藻みたいにぬるぬるしたもの」を鯛焼きの如き「人型」に流し込んでつくられる「植物人間」を描いていることが思い起こされるだろう【図10】。同作ではそのようにして創られた女性キャラクターが女性性を獲得する内的なビルドゥングの結果がラストでやや唐突に描かれ（人間の男性との結婚というチャペック『R．U．R．』と同一の結末）、ビルドゥングの過程が不十分であるのは、手塚がこの主題を未だ未消化だったからに他ならない。

こういった手塚のビルドゥングする身体を『エヴァンゲリオン』に接続するために改めて確

原形質と身体

【図8】綾波の巨大化し変形する身体を連想させる『ザ・ドール　ハンス・ベルメール人形写真集』（河出書房新社、2004）
手塚は綾波の起源としての「原形質」的人造人間を繰り返し描く。

【図9】手塚治虫「火の鳥　未来編」『手塚治虫漫画全集　バンパイヤ③』（講談社、1980）

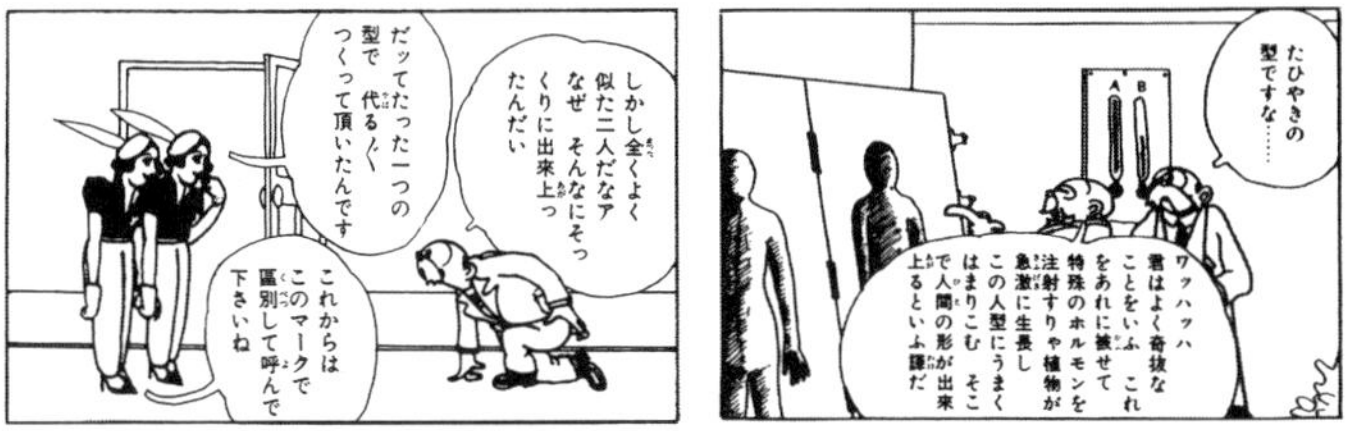

【図10-1, 2】手塚治虫「ロストワールド—私家版—」『手塚治虫漫画全集　ロストワールド—私家版—』（講談社、1995）

【図10-3, 4】手塚治虫「ロスト・ワールド（前世紀）」『手塚治虫漫画全集　ロスト・ワールド（前世紀）』（講談社、1981）

認しておきたいのは、手塚に於ける「人造人間」のあり方である。それはエヴァンゲリオンが「人造人間」であることにも通底する。荒俣宏的な博物学議論では東洋初のロボットというふれ込みの学天則（一九二八年制作）がすぐに引き合いに出されるだろう。近世の絡繰り人形へと接続されるジャポニズム、今で言うクール・ジャパンとしてそれは海外にプレゼンテーションされもした。ぼくの手許にも新聞社の手による英文パンフがある【図11】。

そもそも一九二〇-三〇年代、「人造人間」はサイエンスフィクション出自や江戸絡繰り人形でなく、フィリッツ・ラングの『メトロポリス』のマリアか、カレル・チェペックの『R.U.R.』によって大正新興芸術運動から機械芸術論の中に位置付けられ、そして大衆化していった文脈がある。そこではラングの映画が表現主義であるとか、『R.U.R.』の演劇史的文脈という緻密さとは違う粗雑な大衆文化としての「前衛」の受け止め方がある。それは第一章で「後衛」と呼んだものだが、手塚もまたこういった「後衛」の一人であって、その無数の大衆的「後衛」の中から次の「前衛」が出てくる当り前のことを美術史は記述し得ない。関西のただの大学生おたく集団からガイナックス、そして庵野秀明が出てくるように、である。

その「前衛」ぶりは、大正新興美術運動の中に『R.U.R.』を模したとおぼしきコスプレや、萩原恭次郎『死刑宣告』（一九二五）に於ける「朝・昼・夜・ロボット」に見てとれるだろう。他方「後衛」は川端康成のエッセイ「人造人間讃」（一九二九）や江戸趣味的な雑文の挿画に描かれる『メトロポリス』のマリアもどきの人造人間【図12】といった大衆化も「前衛」

の出現と同時に見られることで確認できよう。

実際は「前衛」「後衛」は「前衛」の自意識よりは実体としては混然としている。美術史が主張するように、確固たる前衛が大衆を導いていたというわけではない。それは一九二九年の『新潮』八月号の目次を一瞥すれば、先の川端や新居格や村山知義といった「前衛」が人造人間の大衆化に益するエッセイを載せてもいて、「前衛」を「前衛」としてただ切りとる美術史がいかに虚しいかわかるとともに、「後衛」が自らサブカルチャー史に閉塞する貧しさも批判されてしかるべきだということが図らずも確認できる。この『新潮』の特集はラングの『メトロポリス』が前年「学天則」公開を受け上映されている年の発行だが、映画と同時に改造社の円本「世界大衆文学全集」の一冊として『メトロポリス』の小説が刊行されてもいる。

こういったロボットの身体の機械的表現としては、未来派のジャコモ・バッラの人間が印刷機を演じるパフォーマンス「マキーナ・ティボグラフィカ」【図13】やデペーロの機械舞踏コスチューム【図14】、バウハウスのクルト・シュミットの「機械バレエ」といった「ロボット・アヴァンギャルド」とでもいうべき先駆があり（山口、一九八五）、それを踏まえれば「舞踏」や「人形劇」に大衆新興美術運動の一員として村山知義らと奇怪な身体パフォーマンスに興じていた高見澤路直が、田河水泡としてマリオネットふうのロボットを主人公とするまんが『人造人間』（一九二九）【図15】を執筆してまんが家として本格的に活動を開始するのは、大衆新興美術運動の大衆化として極めて理に適っている。

5　原形質から生成される人造人間

さて、そのような流れの中で手塚に於ける「人造人間」、そして『シン・エヴァ』に於けるエヴァンゲリオンやアヤナミレイ（仮称）、式波アスカからの「出自」としては以下の三つの大正新興美術運動から戦時下に至る思考の存在を指摘すべきだろう。いわば「人造人型」の3類型である。

一つはチャペック『R．U．R．』の人造人間のあり方である。これは「原形質」から生成される人造人間である。

原本に触れたことのない人間はロボットという後の起源ともなったこの戯曲に於ける人造人間を身体そのものが機械仕掛の「ロボット」と思い込みがちである。これは当時、筑地小劇場で見た観客もロボットを「一個の鉄片」と記し、人間を機械の歯車として比喩するロボットとロボット自体の身体が機械製であることを混同していて、その先入観は当時から強固であったことがうかがえる。しかし当時、出版されていたチャペック・ロボットの日本語訳の緒言にはこう明確にある。

大生理学者ロッスムは一九二〇年南洋の孤島に出掛けて海洋動物の研究中、原形質に類似した物を化学的に作り得る確信を持ち、一九五〇年頃に人工的人間を作り上げた。然しこの人工的人間は三日間きり生きていなかった。その後、ロッスムの息子は父の失敗した仕事を完成したのみか、商売として成功した。この息子は人体の解剖学的組織を一層簡単に工夫して、最も安い原価で人間を製造した。それが即ちこの戯曲で云う処のロボットである。

（鈴木、一九二四、傍点引用者）

つまり同書に於けるロボットは「原形質」からなる人造人間であると明記されている。これは既に述べた手塚の私家版『ロストワールド』に於ける植物から採集した物質を人間の「型」にゼリーの如く流し込みつくる植物人間や『メトロポリス』のミッチィといった人造人間のイメージである。ミッチィは最後、溶けて元の形を失うが、これは第3村で溶けてL.C.C.の液体になってしまうアヤナミレイ（仮称）を連想させる【図16】。クローンなりES細胞なりもっともらしい言い方も可能だが、レイやアスカは原形質の少女たちの系統として『R.U.R.』のヘレナから手塚を経て庵野へとリレーされている。「種」片らしきものから萌芽するエヴァンゲリオンたちもまた原形質の人造人間に他ならず、外骨格の下には巨大な体がある。それが『エヴァ』のシリーズを追うごとに機械芸術的な「機械」へと近づいていくことは注意していいだろう。

二つめは「改造」された身体としての「人造人間」である。

アヴァンギャルドとしてのロボット

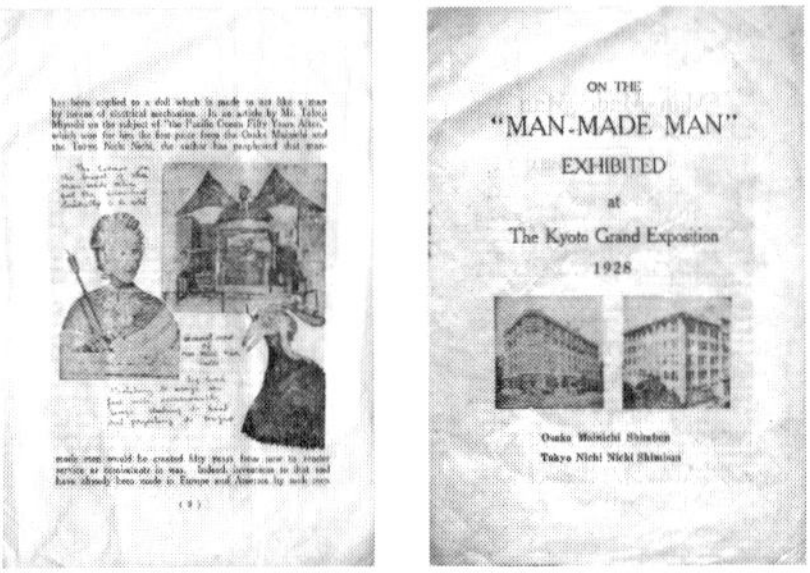

【図11】学天則英文パンフ『MAN-MADE MAN』（大阪毎日新聞、東京日日新聞、1928）

【図12】水島爾保布「人造人間時代」『現代ユウモア全集　第15巻　水島爾保布集』（現代ユウモア全集刊行会、1929）

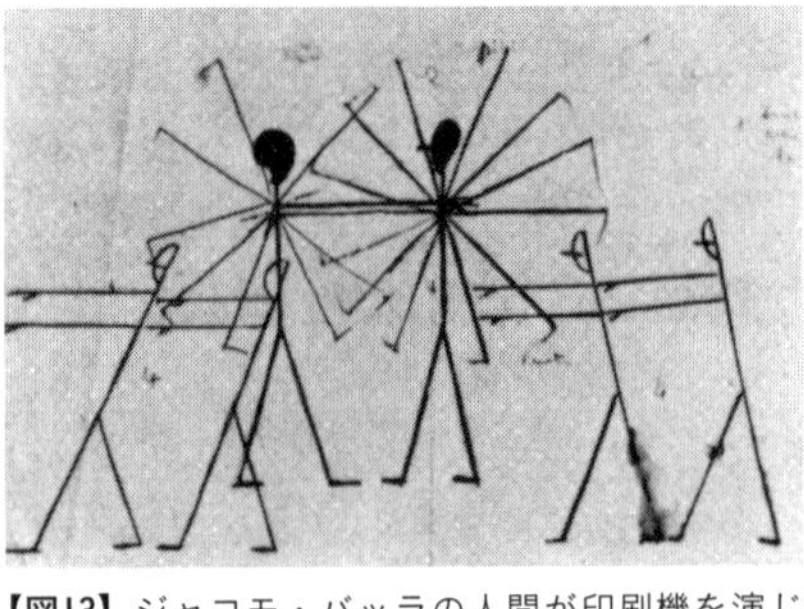

【図13】ジャコモ・バッラの人間が印刷機を演じるパフォーマンス「マキーナ・ティポグラフィカ」山口勝弘『ロボット・アヴァンギャルド　20世紀芸術と機械』（PARCO出版、1985）

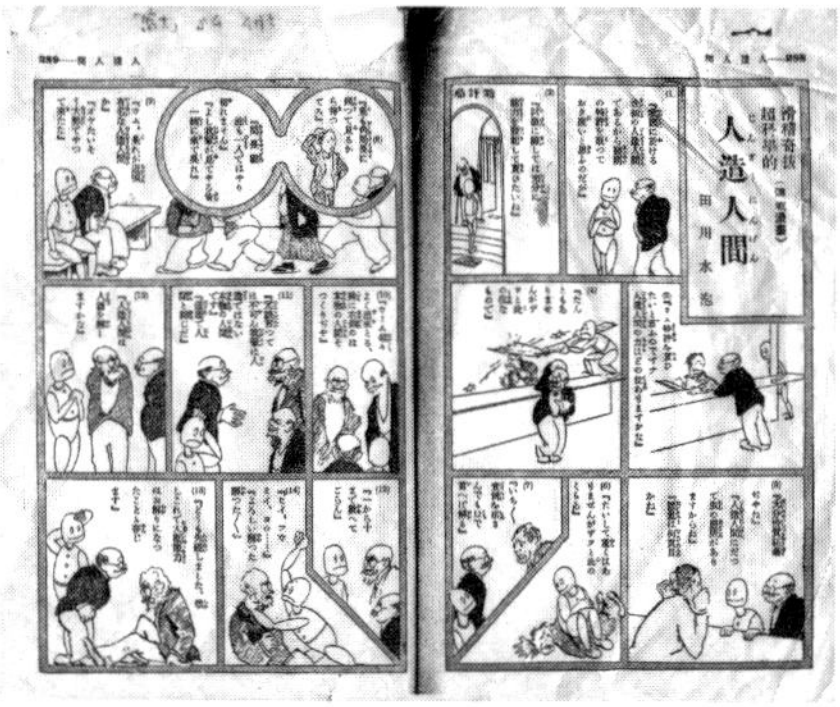

【図15】大正新興美術運動の参加者・高見澤路直のまんが家としての本格連載。田河水泡「人造人間」『冨士』1929年4月号

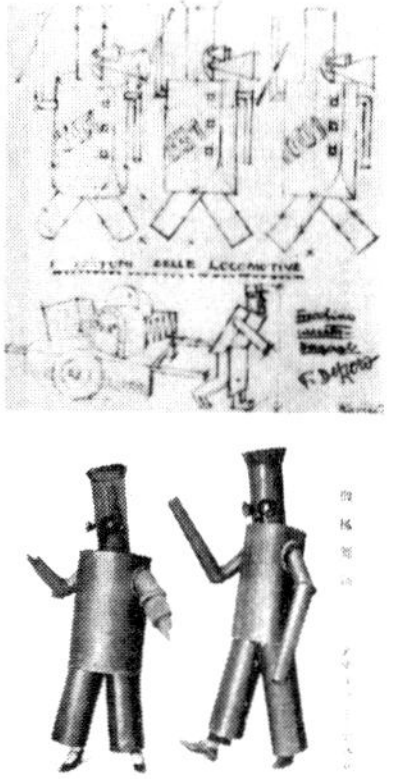

【図14】フェルトゥナート・デベーロ「3000年のアニッカム」（1924）

【図16-1】溶けて「人造細胞」に戻る主人公ミッチィ　手塚治虫「メトロポリス」『手塚治虫漫画全集　メトロポリス』（講談社、1979）

【図16-2】チャペック『R.U.R.』の「人造人間」も機械仕掛けでなく「原形質」から作られた人間のイメージ。

これは「シン」としてつくられる「仮面ライダー」の「改造」の確かな出自である。敗戦後の手塚は原型質の少女ともう一つ、動物たちの「改造」による人造人間化を繰り返し描く。動物たちは次々と『仮面ライダー』のイントロダクションの如く抵抗空しく手術台に拘束され「改造」され【図17】、ディズニー型二足歩行キャラクターになるのである【図18】。

それでは手塚が何故、このような手続きを踏んだのか。

そこには「科学」という問題がある。戦時下、手塚の習作の中にミッキーやミッキー様式のキャラクターが出現する。そこでは自明のように彼らは人間同様に二足歩行し人間のことばをしゃべった。しかし戦後、手塚のこれらの動物キャラクターは普通の動物たちが手術台に乗せられ、「科学」による改造手術の結果、二足歩行が可能になる、と表現し直した。戦時下のイデオロギーである「科学」で手塚はディズニーキャラクターを「改造」して戦後まんがに持ち込んだのである。戦時下、大城のぼるは転向した小熊秀雄の「原作」によってまんが表現の文化映画化、即ちまんがからフィクションや空想を剝奪し、「科学」を実装することを求められたが、二足歩行のしゃべる動物は残された。敗戦後、手塚は改めてディズニー的動物キャラクターを彼の作品に導入するにあたって手術台に乗せるのである。そこに戦時下の「まんが」や「科学」、あるいは敗戦によるディズニー需要に対する手塚の屈託なり、批評めいたものがあるだろう。ここからTVシリーズの『仮面ライダー』へと連なる系譜の先に恐らくは『シン・仮面ライダー』の身体があるはずだから、原形質的な「変身」は恐らく庵野ライダーはしないのではないか。

第三は『メトロポリス』のマリアのようなロボットである。実はこれはカバラ的な人造人間である。

マリアのデザインは『エヴァ』のプラグスーツの起源でもあるが【図19】、マリアをつくるのはカバラの妖し気な魔導師であることは小説にも示されている。映画では人間のマリアから人造人間のマリアに手術台の上で魂を移し替えられるが【図20】、その「変身」のプロセスや原理は曖昧である。このシークエンス自体は手塚がTVアニメ「アトム」第一話で引用するが【図21】、ラング『メトロポリス』に加えて表現主義の映画に於ける「人造人間」の先駆としてパウル・ヴェゲナーの『巨人ゴーレム』（一九二〇）を想起すべきだろう。そこでもユダヤ人の長老ラビのカバラの力で泥人形ゴーレムは生命を得る。アカデミックなまんが研究の一つに手塚治虫「マグマ大使」をゴーレムとするものがあるが（片渕、二〇一三）、それは「マグマ大使」が「土から作られた」一点のみを論拠に「ゴーレム」と接続しようとするものだ。しかし同作品の特撮TVシリーズが東宝文化映画部門で円谷門下のうしおそうじによって制作され、その敵役ゴアの造形がゴーレムの引用であることは見比べれば明らかである【図22、23】。ゴーレムは手塚より先にトキワ荘の住人だったうしおそうじと手塚に共通の教養であった可能性は高い。

エヴァンゲリオンの創造や補完計画のプロセスが理解不可能なカバラに収斂してしまうのは、

手塚作品とアヴァンギャルドの中の人造人間

【図18】 手塚治虫「ロスト・ワールド（前世紀）」『手塚治虫漫画全集（前世紀）』（講談社、1981）

【図17】 手塚は戦後、まんがで動物たちを次々と「改造」した。手塚治虫「地底国の怪人」『地底国の怪人 魔法屋敷』（桃源社、1975）

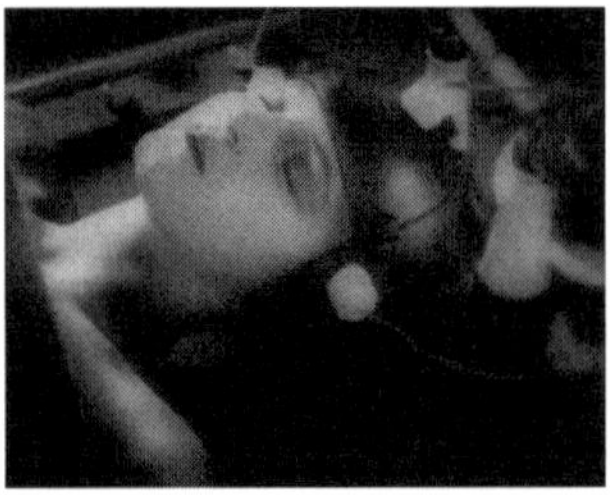

【図20】 フィリッツ・ラング監督『メトロポリス』（1926）

【図19】 フィリッツ・ラング監督『メトロポリス』（1926）

【図22】ピー・プロダクション製作『マグマ大使』(1966)

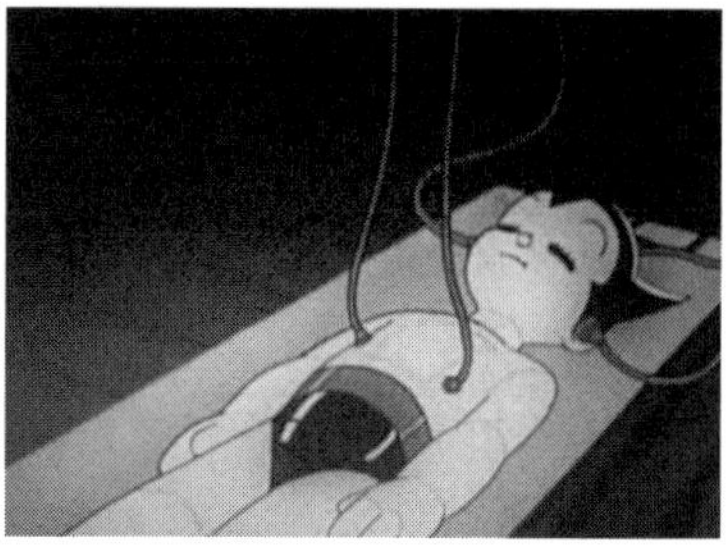

【図21】アニメ版では『メトロポリス』マリア誕生場面の「引用」がディズニー『シリー・シンフォニー』風に描かれる。手塚治虫原作アニメ『鉄腕アトム』第1話（1963）

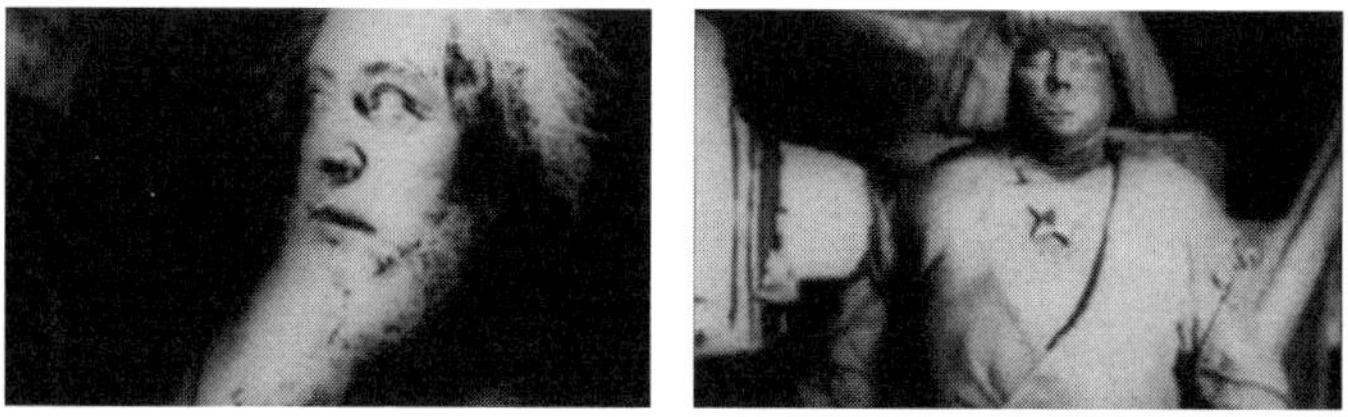

【図23】パウル・ヴェゲナー監督「巨人ゴーレム」(1920)、カバラによる人造人間の創出。

【図24】泣くロボット。田河水泡「人造人間」『富士』1931年12月号

庵野にオカルト趣味があるとも思えないし、逆に信仰心があるとも思えないからこのカバラ的ゴーレムの系譜としての人造人間の映画史的引用だと理解する方が適切だろう。

その上でオーソドックスな「機械人間」としてのロボットやそこに「心」があるのかという問題を第四の類型として挙げてもいい。リラダンの『未来のイヴ』から始まって、田河水泡の歯車やバネからなる機械人間が涙する【図24】という主題を経由して、手塚「アトム」へと至ることができる。「人造人間」と感情の問題は綾波レイからアヤナミレイ(仮称)に至るこのヒロインの重要なキートーンになっていくのは論じるまでもないだろう。

無論、このような議論からチャペックやラング、あるいはゲーテなどの手塚への直接的影響へと結論を飛躍するつもりはない。問題とされるのはそのような知の水脈の中に確実に手塚はいて、それは意識するかしないかは別として戦後の表現を通じて庵野にも届いている、ということだ。だからゲーテ的な一つの知の枠組の中で、一方ではエイゼンシュテインのディズニー論があり、他方では手塚の方法論があった可能性も看過すべきでない。手塚の教養の中にゲーテがあったことは『ファウスト』を二度にわたってまんが化したことで最低限、立証はできるし、昆虫マニアで、医学生でもあった手塚の教養の中にゲーテの「形態学」の直接、間接の影響があった可能性は高い。

ぼくがしばしば手塚治虫の映画批評的教養や、例えば紙芝居作家・加太こうじの教養に戦時下の映画論があったことを問題とするのは、一つの思考、方法、美学が成立する文脈としてその時代に所与のものとしてある教養があり、その所在を見逃してしまった時、我々の解釈は暗黙のうちに現在の教養の中に閉塞するからである。その中に大衆化したアヴァンギャルドや表現主義も機械芸術論もあった。だから現代のサブカルチャーも否応なく、近代の教養の所産なのだという、当たり前のことを見落としてしまう傾向にある。その悪しき例が「伝統」の安易なサブカルチャー的文脈での解釈や戦時下以前の日本の「教養」に遡れないアカデミズムのアニメ・まんが研究の限界である。

さて、ここで一つ脱線しておく。それは戦後、花田清輝は何故、ゲーテ形態学を必要としたのか、という問題だ。『復興期の精神』は戦時下に書かれた。そして、戦後にゲーテの章が加わっている。そのことで「変形」という主題が改めて問題とされたわけだが、その「動機」めいたことは花田の以下の発言から確認できる。

> 非定形《アンフォルム》という言葉が、突然、わたしの記憶の底からうかびあがってきたのは、大衆社会論者たちの多くが、たとえば丸山真男のように、大衆をつかまえて、「砂のような大衆」などといっていたからであって、べつだん、わたしが、ミシャル・タピエなどによって推進されているアヴァンギャルド芸術運動――「非定形《アンフォルメル》というもの」の運動に、ほんの少しでも関心をいだいていたからではなかった。
>
> （花田、一九五七）

花田にとって「非定形」という問題はそれが彼の「大衆」イメージだからである。こういった不定型なコントロール困難な存在としての「大衆」は関東大震災下の市民たちによる朝鮮人虐殺によって発見され「宣伝」によってこの市民をいかに統治し、あるいは動員するかという問題が生まれる（大塚、二〇二一）。その非定形としての大衆のイメージは柳田國男が主権者たり得ない選挙民を「群れ」と呼んだことへも連なる（柳田、一九三一）。「非定形」な「大衆」とは戦前のアヴァンギャルド芸術運動の中にあった主題である、と花田は語るが、それは戦時下、大衆動員技術としての翼賛体制に奉仕したアヴァンギャルドの記憶に他ならない。エイゼンシュテインがディズニーの中に見出した原形質、あるいは手塚の「グニャグニャしたもの」というゲーテ的な原形質は、アヴァンギャルドの中にあった「不定型」という主題を言い換えたという問題に留まらないもっと政治的なものだ。

その花田のフォルム／アンフォルム観の決定的な違いは、花田が引用する以下のようなＳＦへの評価で鮮明となるだろう。

そういえば、ロバート・シェクレイのサイエンス・フィクションに、『体形』というのがある。それはグロム遊星から地球を占領する目的をもって派遣された三人の宇宙人の物語だ。グロム人の特徴は、もともと、アンフォルムの状態でうまれてくるのに、先祖代々、上からあたえられた一つのフォルムを、忠実にまもりとおし、少しもおのれの「体形」をくずさない点に求められる。三人は、地球に到着するや否や、作戦上それまでかれらにあたえられてきたそれぞれのフォルムをかなぐりすてて、アンフォルムの状態へかえり、つづいてかれらの好むところのフォルムに変形する。思索好きの無電係は、柏の木に、狩猟好きの探知係は小犬に、さらにまた、飛行機好きの操縦士は、白鳥に——といったふうに。その結果、かれらは、もはやグロム人のフォルムへ復帰するのが嫌になり、地球の占領など断念してしまって、柏の木は、葉をさらさらと鳴らしながら思索にふけり、小犬はとんだりはねたりしながら獲物を追いかけ、白鳥は強く羽ばたきをしながらゆうゆうと大空へ舞いあがり、すっかり、めいめいのえらんだあたらしいフォルムに満足してしまうのだ。したがって——ここで、したがって、などといってみたところで、かくべつ、説得力があるともおもわないが、あたえられた一つのフォルムにがんじがらめにしばられている大衆が分子化《アトマイズ》されて、アンフォルムの状態におちいってしまうことは、かならずしも支配階級にとって好都合なことではない。できればかれらは、永遠に、無電係は、無電係のフォルムのままで、探知係は探知係のフォルムのままで、そして操縦士は、操縦士のフォルムのままでいてもらいたいのである。それかあらぬか、わたしには、たとえばマス・コミなどは、もっぱら支配階級によって、そういう意図のもとに動員されているようにみえる。

（花田、一九五七）

いささか長い引用だが、花田にとっては「アンフォルム」はやはり大衆論の問題なのだとわかる。「フォルム」から大衆が解放された「アンフォルム」の自由さは、大衆を支配する側から見ればむしろ好都合である。しかし、だからといって新しいフォルムを新たに上から与えられることに意味はない。要するに花田は大衆の内から「みずからつくりあげたフォルム」の出現を待望する、と論じたいのである。あたかも戦時下のファシズムから解放された大衆の内部から、新たな革命が生まれると言いた気である。さしずめ大衆とは「革命」という「原形質」性を持っている、というイメージが恐らくここにある。つまり、「メタモルフォーゼ」の方法は大衆が内側から社会を変革する「工学」であり、しかし、ここでマルクス主義と言えないことは、花田が「戦時下のアヴァンギャルド」の一員としてファシズムに奉仕したからに他ならない。

だから別のエッセイでは花田はこうも記す。

知性とは組織（オルガニジーレン）する力であり、組織するとは、混沌としたものの間に脈絡をみいだし、これを確固とした一つの体制（オルガニザチオン）にまでまとめあげるということであった。そうしてわれわれにこういう力があるのは、人間が動物と異なり、あくまで生産的であったからであった。生産を組織する力——それが知性というものの根本的な型であり、この型が徐々に変形し、やがていろいろな知性の型がうまれてくるのであるが、それが知性である限り、いかに極端に変形し、お互いの間になんらの連絡もないようにみえるばあいでも、いずれも組織する力だけは共通にもっており、ただその組織する対象が、それぞれに相違しているにとどまる。（花田、一九七二）

いわば社会変革のための組織化の力が、大衆という混沌に向かうアンフォルムな力の一方で、大衆そのものに内在するという議論である。それはまるでweb上の「集合知」を評価するが如き議論で説得力はない。恐らく花田のこのようなつまらなさは「身体の変形」を「社会の変形」に一足飛びで結びつける「セカイ系」的飛躍にある。その先にはやはり「第3村」を待望する「大衆」が結局は待ち受けている。

そしてこの花田の議論の危うさはアヴァンギャルドの方法を社会に「実装」しようと夢想する点である。だからこのような大衆と原形質の関わりは図らずも「第3村」問題に連なる。さて、議論を戦時下アヴァンギャルドに戻そう。花田に言及したついでに以下の花田による今村批判を引用しておこう。

かれの「漫画映画論」は、ディズニーの作品が、記録映画を下敷きにして、動きを一度写真で分析し、その後でそれを絵にかきかえたものだからリアルであるというにとどまり、要するに、例によって例のごとく、映画における記録性の尊重すべきゆえんを、じゅんじゅんと説いているだけのことであって、漫画そのものにたいする立ちいった考察は、ほとんどそこではまったくといっていいほど無視されている。そして、しばしば、漫画映画を写真と絵の「合成」だとか、「融合」だとかいってカタづけている。

（花田、一九六二）

花田は小説には「変形」の方法が不在だ、と言った。しかし、その方法に実は鈍感なのは花田であることがこの引用からわかる。

今村はアニメーションのキャラクターは実際の人間の身体やその運動を表現するために形態を「幾何学的原理」に変換したと指摘する。これは先に引用した手塚のキャラクターの「円」による構成は「運動」を描く方法であるという議論とも重なる。

運動を表現するために形態的な細部を除去しようとする。この形態の表現的なディテールを取り去って行くことは、ついにあらゆる形態を構成する原理、すなわち幾何学的原理にかえることにほかならぬ。だから立体派はつねに形態を面や線に還元しようとし、またこの見地から古典を分析した。たとえばこの分析によって、ヴェラスケやバルトロ・ディ・フレッディの絵が正しい二等辺三角形や円から成っているのを見出す如きである。すべての形態的実質を平面の結合と見ること、すなわち面の科学の立場に立つということは、絵の中に科学的分析の方法が入って来たことにほかならぬが、漫画映画の絵もやはり運動の科学的分析と結びついている。そして、この運動を表現するために形態のディテールが捨てられているのである。ミッキー・マウスをはじめドナルド、プラトー、グーフィー、ポパイ、ベティー・ブープなどはいずれも形態の写実ではない。一つの特徴ある部分がすべての漫画と同じように誇張され、その誇張のために全体が歪曲されている。そしてこの歪曲によってまた細部の写実も否定される。これらの動物や人物がきわめて簡単な線と面から成っていて、そのためにかえって動きを表わしよくなっているということは立体派の試みと不思議に一致する。それ故立体派の形態の分析と漫画映画の運動の分析とは歴史的に相継承する。（今村、一九四二）

今村の主張はこの引用に明白なように、形態の変形論としてアニメーションを語ることにある。

アニメーションが分割写真の動きを元に作画するものだと花田清輝が誤読し、今村太平のアニメーション論は戦後、批判されるが、実際に今村がディズニーなどに対して指摘しているのは、このように現実の運動法則がアニメーションの中では変換されて別個の運動法則の下で動いているということだ。円運動を巡っての議論ではないが、キャラクターが「擬人化」され変形した以上、その運動法則も人と動物の間で「変形」されるべきなのだ。それが今村にとってはアニメーションの「写実性」（リアリズム）であり科学性なのである。今村にとって重要なのは、アニメーションの虚構の内部空間に固有の運動法則があるべきだ、という「理念」であり、そのリアリズム論はロトスコープのように現実の動きの動画による引き写しには結びつかない。手塚が、キャラクターは円の構成体であることと円運動を自明のこととして結びつける一方、ラルフ・バクシが『指輪物語』（一九七八年）でロトスコープを用いたことを「インチキ・アニメ」（手塚）とまで罵倒していることなどを踏まえれば、その「動き」に対する美意識は、今村がディズニーに見出したはずのものに極めて近いことが理解できよう。

実はこの花田による今村批判を高畑勲が踏襲しているのは興味深いが、ここでは触れない。高畑にとっても「フォルム／アンフォルム」は大衆の「第3村」的動員にどこかで通底するからだろう。

それはともかく、花田は「今村太平の論敵」とする佐々木基一が「ディズニーの漫画の線や形態はメカニズムの極致を感じさせる」と述べているのに、今村にそのような視点はないとなじるところがフェアではない。

しかし図らずも佐々木が「メカニズム」という語でディズニーを論じたように、結局「変形」の問題はやはり戦時下のアヴァンギャルドとしての機械芸術論に行き着くのである。

このような「メカニズム」的思考は、当然だが手塚の中にも明瞭にある。それ故、今村と手塚は以下に引用するように『ポパイ』の中に同じ「機械芸術」を見るのである。両者のディズニー論はその点で通底している。それは手塚が今村を読んでいたか否かという問題でなく、戦時下のアヴァンギャルドの基調としての「メカニズム」が両者の中に共通してある、ということだ。

改めて今村と手塚の論を並べてみよう。

> オリュムポスの神々が、人格化された自然力であるとすれば、漫画映画の登場人物は人格化された機械力にほかならない。（中略）ポパイという一人物の怪力として表現されたものは、総合的な機械力として実在しているものであって、それに一人格を与えたものにすぎない。それ故、ポパイの活動は、機械の活動である。（中略）
>
> ワルト・ディズニーの漫画映画にあらわれる機智の非常に多くが、また機械から得られている。（中略）つねに機械のような人工物から最も遠方にあるような自然の生物が、そこで機械化されてあらわれてくるということ、すなわち全自然が現代アメリカの高度資本主義の精神において眺められているということ、そこに漫画映画の現実的な意味が生じているのである。
>
> （今村、一九四二）

ぼくはこの変形をアニメにするのが大好きで、ぼくのアニメにはやたらにこれが出てくる。それは少年時代にポパイマンガに接したおかげだ。

ホウレン草を食べたポパイの腕は、いきなりふくれあがってブルドーザーになり、タンクになる。突進するポパイは機関車に変わり、砲弾になり、衝突したブルートはおせんべいのようにひしゃげる。

（手塚、一九七三）

ポパイが「機械」に変形するのは「機械」のイデアリズム的表現に他ならない。アメリカニズム、そして「機械」そのものに美を発しようとした村山知義の大正アヴァンギャルドがいかに「変形」して戦時下の機械芸術論＝メカニズムに回収されたかはここでは触れない。幾何学図形的数学的変形の美学としての機械芸術論が、しかし他方では「機械化」という美学を含んでいたことだけは最低限問題にしたい。すると手塚が「不定型な原形質」の変形、「改造」「カバラ」とは別に「機械化」という変形を主題として持っていたことの意味が明らかになる。その「機械化」とディズニーの共存として「アトム」があることの説明はもう要らないだろう。

今村は資本主義芸術、アメリカニズムの直喩としてキャラクターの「機械化」を論じるが、これは十五年戦争下のアニメーション論においては珍しいものではない。ぼくはここから、手塚が今村の引用からなる議論として自分の「変形」への執心を語っているとまでは言わない。しかし、このような「機械化」の美学を戦時下のディズニー論が感じとっていたこと、そして、別の場所で指摘してきたように手塚のまんが論に用いられる「記号」や「ストーリー」といった単語の出自が、戦時下のエイゼンシュテインの翻訳や今村太平の批評の中に見出され、その教養が戦時下の映画論に根ざすことなどを踏まえた時、少なくとも手塚の「変身」論の帰属すべき文脈の一つとして自明のこととなると考える。

手塚の「擬人化」論の出自は戦時下の映画論や美学のなかにある。それは機械芸術論と呼ばれる戦時下のアヴァンギャルドであり、そこに手塚だけでなく、多くの戦後の芸術、文学、サブカルチャーの担い手たちの共通の美学の出自を見いだすべきだとぼくは考えるが、本書でその全てに踏み込むことは不可能だ。だが、現在のサブカルチャーにおける「異形の存在」や「擬人化」の美学の根幹が戦時下のアヴァンギャルドにあることは、初期のウルトラシリーズの怪獣たちをデザインした成田亨や高山良策が戦時下のアヴァンギャルドの教養の中にあり、だから、構成主義的なデザインの怪獣が「ダダ」と名付けられたりもするし【図25-1、2】、「立体派」への言及（成田、一九六七）も行われた。ただしウルトラ怪獣の中にはアヴァンギャルドに直結するものだけでなく、一九二三年にドイツ人宣教師マルティン・グシンデが撮影した南米の先住民族セルクナムの身体装飾に構成主義的な美学を見出し引用している可能性はある。しかしエイゼンシュテインに言わせればそもそもモンタージュはプリミティブな美学でもある以上矛盾はしない。

成田は世代的に手塚とそう変わらないが、その自伝に従えばアヴァンギャルドへの接近は戦後である。しかし高山良策にせよ円谷英二にせよ、特撮、あるいは子供向けＴＶ業界自体が文化映画出身者を含む戦時下のアヴァンギャルドの受け皿であった。成田が合流し易い下地はそこにあった。成田は自身への円谷や高山の影響に否定的で、それは彼らにネグレクトされたからだが、成田もまた戦時下のアヴァンギャルドの戦後に於ける直接的な末裔であることは免れない。

それにしても「原形質」というイメージは一九二〇年代にありふれていたことか。例えばあまりに唐突に聞こえるかもしれないが、折口と南方という二人の民俗学者がこの時期、「変形」という生物イメージに対していかに過剰であったか。そのことはそれぞれの読者にとってはあまりに明白であろう。

思いつくままに以下を引用してみる。

ものを包んで居るのが、かいである。米のことをかいと言うたのは、籾に包まれて居るから言うたので、即、籾がかいなのだが、延いてお米のことにもなったのである。ちかい・ももかい・しるこにもかいにもなどの、用語例で見ると、昔は籾のまま食べたのかとも思われる。籾は吐き出したのであろう。そうでないとかいの使い方が不自然である。かいは、もなかの皮の様に、ものを包んで居るものを言うたので、此から、蛤貝・蜆貝などの貝も考えられる様になったのであるが、此かいは、密閉して居て、穴のあいて居ないのがよかった。其穴のあいて居ない容れ物の中に、どこからか這入って来るものがある、と昔の人は考えた。其這入って来るものが、たまである。そして、此中で或期間を過ごすと、其かいを破って出現する。即、あるの状態を示すので、かいの中に這入って来るのが、なるである。此がなるの本義である。なるを果物にのみ考える様になったのは、意義の限定である。

併し果物がなると言うたのも、其中にものが這入って来るのだと考えたからで、原の形を変えないで成長するのが、熟するである。熟するという語には、大きく成長すると言う意も含んで居るのである。
（折口、一九二九、傍点引用者）

折口はこのように「原の形」を語り、更には蛭子イメージを原形質に語りもする。そして「原形質」イメージは同じ民俗学に限っても、フォークロアに限っても南方熊楠に行き着く。南方は一九二六年の書簡にこう記す。

粘菌が動物にして植物にあらざることは、第一にデ・バリーが論ぜし通り、粘菌の胞子（イ）が割けて（ロ）（ハ）なる浮游子を生じ、おいおい前端に一毛を生じて游ぎ進む（ニ）。次に毛がなくなり游ぐことは止めてはいありく（ホ）。そんなものが二つ（ヘ）寄り合い三つ寄り合いて融合してだんだん大きくなる（ト）。ついに（チ）なる原形体をなしてそれより胞嚢や茎を生ず。（ホ）（ヘ）（ト）（チ）みな体の諸部がアミーバ状に偽足となり出で食物をとりこむなり。

原始植物やアサクサノリ等の藻またキトリジア類の菌には、胞子が（ロ）ごとく裂けて中より出たものが（ホ）ごとくアミーバ状に動くもの少なからず。しかしながら、このアミーバ状に動くものが二つ以上より合い融和してだんだん大きくなり、原形体を作るということ

怪獣たちの
アヴァンギャルド出自

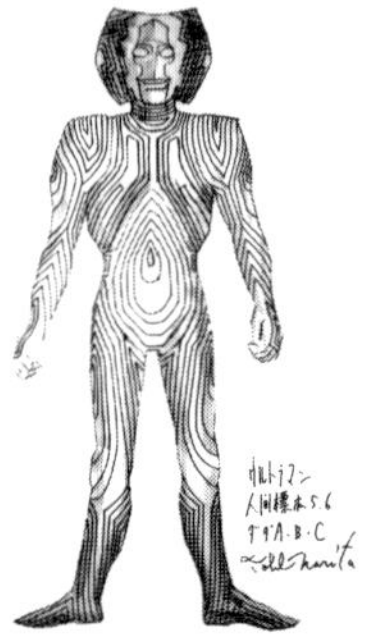

【図25-2】 相原一士他編『怪獣と美術——成田亨の造形芸術とその後の怪獣美術——』（東京新聞、2007）

【図25-1】 戦後に戦時下のアヴァンギャルドを最も正しくリレーした成田亨。
成田亨「怪獣はこうして考えろ」、小松崎茂監修『怪獣大全集４　怪獣の描き方教室』（ノーベル書房、1967）（復刊ドットコム、2014）

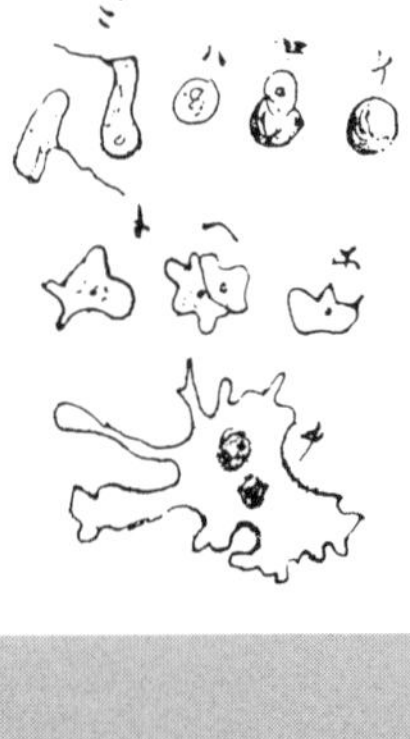

【図26】 南方熊楠の原形質イメージ。南方熊楠「大正十五年十一月十二日朝十時半　平沼大三郎」宛書簡。中沢新一編『南方熊楠コレクションⅤ 森の思想』（河出書房新社、1992）

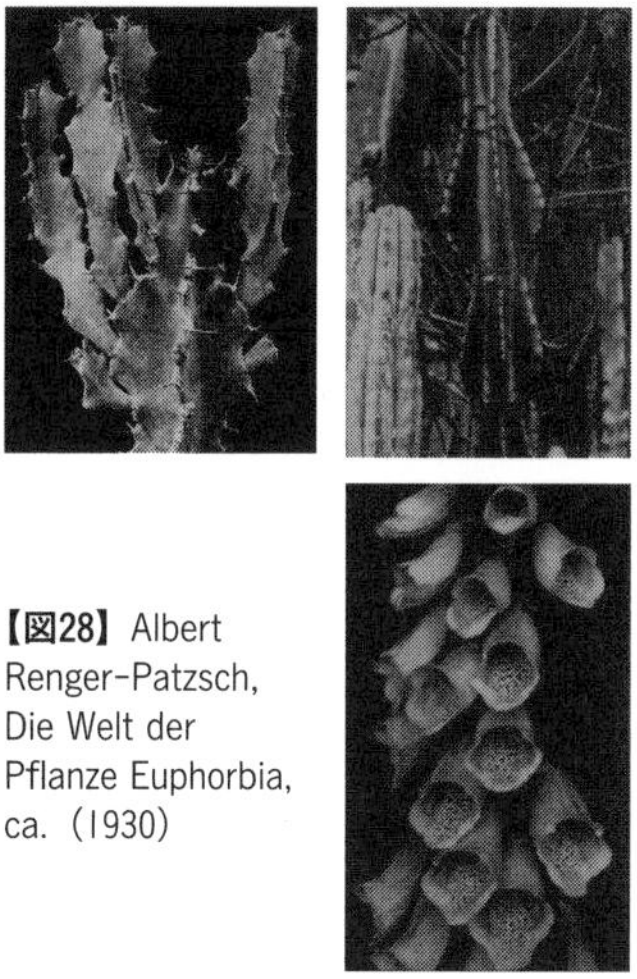

【図28】Albert Renger-Patzsch, Die Welt der Pflanze Euphorbia, ca.（1930）

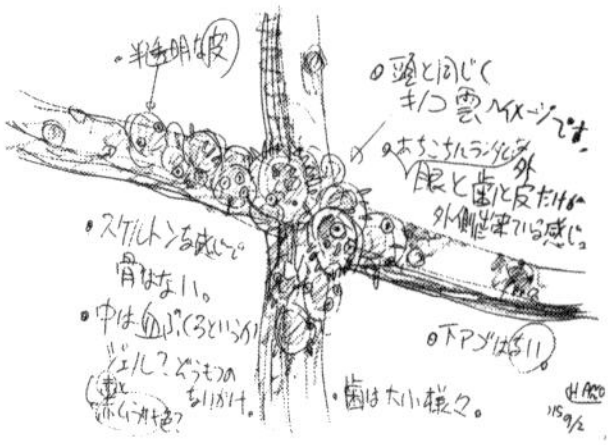

【図27】原形質としてのシン・ゴジラ？『庵野秀明展図録』（朝日新聞社、2021）

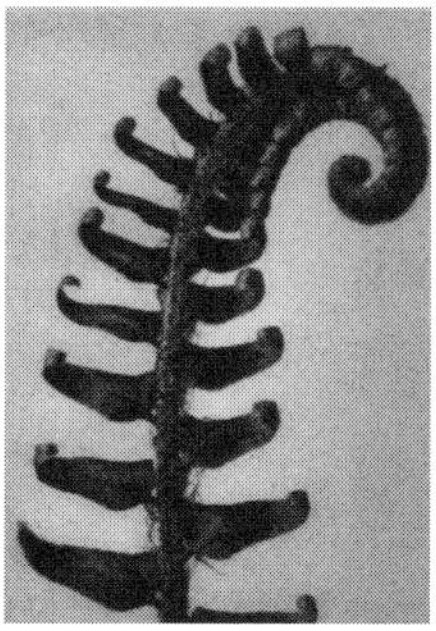

【図30】「シン・ゴジラ」の尻尾？ Karl Blossfeldt, Prickly Shield Fern（1928）

【図29】庵野秀明「シン・ゴジラ」（2016）

は、原始動物にはあれども植物界には全くなきことなり。故に粘菌は原始植物にあらず、全く植物外のものにて、原始動物たりとは、デ・バリーの断言に候。

（南方、一九七三、傍点引用者）

南方の中で「原形体」からのメタモルフォーゼがいかに観察されたのかがただちにわかる。このような「変形」の身体的あるいは生物的イメージは、あまりに有名な南方の粘菌スケッチと『シン・ゴジラ』のラフの葉の類似【図26、27】を偶然と思えなくしている。南方や折口のことばは、シン・ゴジラやあるいは不定型化するアダムの身体、綾波の身体の原形質性そのものの描写にさえ思える。

無論、庵野の教養に折口を読み南方に至る、とまでは言わない。それは強引すぎよう。しかし原形質的なイメージは同時だにおいて確実に折口、そして南方にさえ至っているのも事実だ。

その一方ではローアングルの鉄塔の出自でもある新即物主義のアルベルト・レンガー＝パッチュの『世界は美しい』が見出した一連の植物の写真は『シン・エヴァ』に於ける使徒や変形の相似を連想させもする【図28】。様々な推察を呼んだ『シン・ゴジラ』のラストの尾のアップ【図29】などはドイツの新興写真運動ノイエ・フォトグラフィーのカール・ブロスフェルト「Prickly Shield Fern」【図30】などをふと思い出しもする。

諸星大二郎と
原形質的なイメージ

【図31-2】諸星大二郎「うつぼ舟の女」『ヤンジャンベアーズ』1991年冬の号、1992年春の号、1992年夏の号、1992年秋の号

【図31-1】諸星大二郎「食事の時間」『月刊少年ジャンプ』1978年8月増刊号

【図32】諸星大二郎「生命の木」『週刊少年ジャンプ』1976年8月増刊号

【図31-3】諸星大二郎「黒い探求者」『週刊少年ジャンプ』1974年37号

同じ新即物主義写真家たちの、これらの原形質から派生したての如き植物の形象を追う、「ローアングルの鉄塔」とは別に一連なりのシリーズとしてある植物の細部への執心は、「原形質」という変化するものを接続した時、これもまた『シン・エヴァ』の世界像に自然に回収される。ローアングルのエッフェル塔と原形質は一人の芸術家、あるいは一つの芸術運動の中に共存する美学であるとわかる。

原形質的なメディア史においてもっとミニマムに日本まんが史における庵野秀明と手塚治虫を結ぶにしても諸星大二郎を経由すべきだ、という議論も無論、可能だ。

諸星は身体が溶けて融合するいわば身体の原形質的補完計画とでもいうべきイメージをくり返し描くし【図31】、その中には『シン・ゴジラ』の尾先を連想させるものもある【図32】。同時にこういう原形質的なものは手塚の中でも【図33】諸星の中でも巨大化した母性の表象として描かれる【図34】。それは『シン・エヴァ』に至るまで巨大化し変型する綾波のイメージの基調にあり、原形質的なものと母性の強い結合は『シン・エヴァ』論の江藤淳化と無縁ではないだろう。

庵野と戦時下のアヴァンギャルドの通底としては他にもタイポグラフィーへの拘泥、特に強い明朝への執着も市川崑の映画【図35】を挟みつつ、戦時下のタイポグラフィーへと辿りつくだろう【図36】。恐らくタイポグラフィーだけで一冊の本が書けるだろうし、事実、書かれている（小川、二〇一〇）。

巨大綾波の起源

【図33-1,2】手塚治虫「鉄腕アトム　ミーバの巻」『少年』1966年1-12月号　『手塚治虫漫画全集　鉄腕アトム16』（講談社、1981）

【図34-2】諸星大二郎「産女の来る夜」『月刊ベアーズクラブ』1994年8月号

【図34-1】諸星大二郎「アダムの肋骨」『ビッグコミック』1976年1月増刊号

【図34-3】諸星大二郎「海神祭の夜」『週刊ヤングジャンプ』1982年9号

そして何度でも言うが、それらの全てが庵野秀明に直接、継続されたわけではない。むしろ多くは隔世遺伝的である。円谷英二や手塚治虫や様々な戦後の子供文化の中に持ち込まれた一九二〇年代のアヴァンギャルド芸術運動が日本でローカライズされ大衆化しつつ、同時に機械芸術論や映画的手法（モンタージュ／構成）などとしてプロパガンダ、即ち戦時下のあらゆる視覚表現に工学的に「実装」された前史がまずある。そして戦後、それらは公職を追放された人々によって子供文化やTVに、そして世代的経験として手塚治虫らによって「戦後」に生き延び、それを隔世遺伝的に受けとめ自分たちの美学・方法としたのが恐らく一九六〇年前後に生まれた私たちいわゆる「おたく」世代である。私たちはそれぞれの関心で円谷英二を追えば『ハワイマレー沖海戦』にいってしまうように、手塚を追えば加藤謙一経由で「少年倶楽部」に辿りつくように、戸惑いつつその出自が戦時下にあることを知り、何かそれは自明のこととしてあり過ぎて、敢えて外に向けて語ろうとも一つの文脈として言語化しようともしなかった。それは「おたく」世代の暗黙の教養としてあった。だから例えばまんが評論を書き始めた若い時のぼくは文化記号論的な構造分析のマーケティング的分析の方がはるかに楽しかったし、「美少女」や「メカ」について熱心に語った者もいたが、その前提は言わずもがな、のことであった。

だがその自明のことがもしかすると今、少しも見えなくなっているかもしれない。そのことが『シン・エヴァ』の「考察」が奇妙に江藤淳化したのを見て、書くつもりのなかった「エヴ

エヴァ・タイポグラフィーの政治学

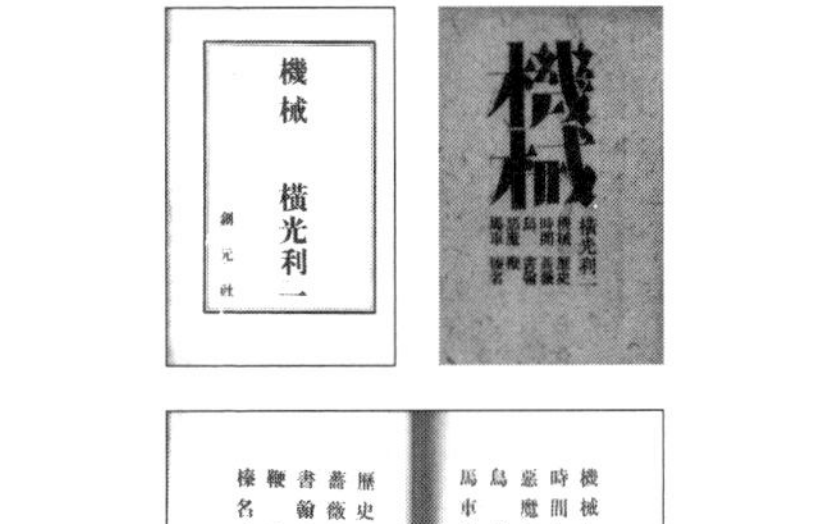

【図36】戦時下のタイポグラフィー。佐野繁次郎による横光利一「機械」の装本、目次からその弟子である花森安治や報道研究会の戦時広告に至る流れがある一方、東宝の文化映画『土に生きる』の写真集『雪国の民俗』でも採用される。タイポグラフィーの政治学の一つの典型。

【図35】市川崑監督『犬神家の一族』タイポグラフィー　小谷充『市川崑のタイポグラフィ「犬神家の一族」の明朝体研究』（水曜社、2010）

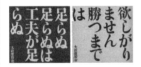

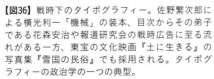

ア論」をこうして書いてみようと思った動機である。そう、言わずもがなのことを語らねばならない時代なのが難儀ではある。

（了）

あとがき

あとがきから読む流儀の読者のために本書の主旨をコンパクトに述べておく。

本書は『シン・エヴァンゲリオン劇場版𝄇』(以下、『シン・エヴァ』)を含む「シン・」シリーズの意味内容について論じるものではない。意味内容とはオンライン上では「考察」と呼ばれる類の言説であり、作品のストーリーの整合性や伏線の回収、キャラクターの行動やセリフの意味するところ、それらの受け手にもたらす感動や違和といった個人的な「テクスト論」的理解のことで、それらに基づく感情の擦り合わせに本書は一切、寄与しない。

今、テクスト論、といささか懐かしい言い方をしたが「考察」と呼ばれる今時のオンライン上の言説が、バルトの言うところのテクスト論といささか違うように感じるのは、『シン・エヴァ』を解釈するに当たって、作中に描かれていない情報は基本的に採用されず、作者が何を主張したかではなく、私がどう受けとめたかが多様に語られる点ではまさに「テクスト論」的なのだが、同時にそれがオンライン上で無数に発信され「考察」相互が補完し合い、一つの意味に収斂しようとする点にある。近年のヒット作は、この種の受け手の「考察」の、送り手によるハンドリングが巧妙である点が共通で、「ネタバレ」を極度にタブー視するオンライン上のモラルとの相互作用で『シン・エヴァ』の場合も、公開直後は大半の観客が口を噤《つぐ》み、そして「送り手」側がSNS上での発信を推奨した時点で誰もが冗舌に語り、どう感動すべきかというコンセンサスが一挙に出来上がっていく光景は、まさに補完計画的であった。

しかし、感慨深いのは二十年前の旧エヴァのブームとの違いである。あの時、「受け手」が求めたのは「送り手」の参照した出典の所在だった。コードウェイナー・スミスの「人類補完機構」からハンス・ベルメールの球体関節人形、アダルトチルドレンに関する書籍と、参考書だけで一つのコーナーが書店に出来上がりさえした。作品を理解するには作者が何を参照したかを知る必要がある、というのがファンの立ち位置で、その点で、当時のファンの反応は「作品論」的だったといえるかもしれない。

このように、同一の『エヴァ』でありながら二十年の時間を経て感じるのは「参照系」への無関心さと「考察」の特権化という事態であり、その変化に感慨はあっても、エヴァ論を改めて書かないかといった類のお誘いは、それを楽しんでいる人には無粋だからとお断りもした。

だから本書は「考察」を少しも手助けしない。

だが、『シン・エヴァ』の赤いエッフェル塔、『シン・ゴジラ』のローアングルの赤ゴジラを見て、クルルのエッフェル塔を思い出したあたりで、別のことは書いておこうと少し気が変わった。つまり、「シン・」とは、いわゆるリメイクやリバイバルではなく、一種の「歴史修正」というか、個別の作品を本来あるべき姿に、庵野秀明なりに歴史の上に作り直す作業なのか、と思ったからだ。正しくはこうあるべきだったのに、諸事情で（スポンサーやテレビ局や関係者の利害や無知やそれこそ山ほどの事情で）そうならなかった。「そういうこと」は商業的で集団的でもあるメディア表現では「よくあること」だ。しかし、こうなるべきだった、という「解」は明確で、庵野秀明は自身の「エヴァ」も含め、純粋におたく表現史的文脈の上で作り直しを始めた。そこには一貫した「美学」が「方法」に支えられて存在する。これまでリメイク作品は新たな作者による「独自の解釈」に基づくものだった「シン・」はあるべきだった形への作り変えである。


それが「シン・」なのだろう。

このあとがきを書いている時点では『シン・ウルトラマン』も『シン・仮面ライダー』も公開されていないし、何らかの情報を一切、ぼくは持っていない。

見たのは、ＹｏｕＴｕｂｅの二作品の予告動画のみである。

しかし『シン・ウルトラマン』の予告ではローアングルの鉄骨の傍らからカラータイマーのないウルトラマンが立ち上がり、『シン・仮面ライダー』でもバック転する怪人の視点にローアングルの鉄骨が一瞬、組み込まれる。そこで、所在の確認できる文脈というものがある。

それで十分ではないか。

「ローアングルの鉄塔」がなぜ同類なのかといえば、それは戦後のアニメ特撮の出自としての戦時下＝アヴァンギャルドの所在に関わるからだ。鉄骨に限らず、戦後の「おたく」表現のフェティシズムや美学の出自が戦時下に狂い咲いたアヴァンギャルドが、戦後、政治的にウォッシュされたものであるというのがぼくの一貫した主張だが、「シン・」シリーズは、その美学や方法を「正しく」運用し直し、戦後おたく表現を「修正」する試みなのだ。成田亨ウルトラマンの初期デザインの採用などその最たるものだろう。しかし、それは「特撮」とか「アニメ」とか戦後のジャンルに必ずしも閉じたものでなく、もう少し広い。その「広さ」が重要だ。

それは、僕が「一〇〇年前のおたく」と戯れに呼ぶ、一九一〇年代から始まるアヴァンギャルド芸術運動が極東の島国でローカライズされ、大衆文化や資本主義システムやファシズムやプロパガンダと結びつき、やがて敗戦によって民主主義ウォッシュを経て「おたく的文化」となっていく、まんが史、アニメ史、映画史、写真史、演劇史、文化思想史などに切断しようのない、無自覚な一塊りの文化運動である。歴史と言っていい。「それ」は、歴然と「ここ」にある。だから、「ある」ことを示す。それ以上のことを本書はしない。

それ故、本書で言及された個別の知識については、それぞれの「専門」家の間では自明のことであり、ぼくの言及は素人以前だろう。しかし、皆、掌に触れる感触には、熱心に「考察」するし、象の姿を語り合いもするが、しかし、それは単独の何かでなく、一つの「歴史」だということがひどく見えにくい。その「百年前のおたく」という歴史の中で私たちは表現を作り、誤ってもきた。「シン・」は、「作り直し」によって、ぼくはただ、それに便乗し、「それ」はこのあたりにあるよとざっくりとジェスチャーで示す。

本書の刊行にあたっては、太田出版の村上清さん、落合美砂さん、フリーランスの古里学さんのお世話になった。落合さんは「おたく」の語が世に喧伝されることになった一九八九年のあの出来事をめぐって作られた『Mの世代』以来、本当に永く仕事をしてきた。本文デザインは前任校でぼくの研究助手であった本多マークアントニーさんに無理を言った。カバーデザインは、宗利淳一さんにお願いした。図らずもローアングルの写真を撮りためておられたことがわかり、「クルルの系譜」の中に本書もまた本能の如く回帰したことになる。出来過ぎているが、本当の話だ。

【参考文献】

相原一士他編『怪獣と美術――成田亨の造形芸術とその後の怪獣美術――』（東京新聞、2007年）
板垣鷹穂『機械と芸術との交流』（岩波書店、1929年）
今村太平『今村太平映像評論9　戦争と映画』（ゆまに書房、1991年）
岩淵正嘉「映画と文学」 中塚道祐編『映画と文学』（第一芸文社、1941年）
うしおそうじ『夢は大空を駆けめぐる～恩師・円谷英二伝』（角川書店、2001年）
海野弘編『モダン都市文学VI　機械のメトロポリス』（平凡社、1990年）
加太こうじ『紙芝居昭和史』（旺文社、1979年）
金田伊功『バースⅠ』（徳間書店、1983年）
栗原有蔵「教育家・社会事業家と文化映画を語る」『文化映画研究』1巻3号（1938年）
粉川哲夫編『花田清輝評論集』（岩波書店、1993年）
桜井哲夫『廃墟の残響――戦後漫画の原像』（NTT出版、2015年）
茂田真理子『タルホ／未来派』（河出書房新社、1997年）
津村秀夫「柳田國男さんの白タビ（朝日の論説委員時代）」『定本柳田國男集』月報17（筑摩書房、1963年）
手塚治虫『罪と罰』（東光堂、1953年）
手塚治虫「interview 手塚治虫　珈琲と紅茶で深夜まで…」『ぱふ』1979年10月号（清彗社）
手塚治虫「勝利の日まで」『幽霊男／勝利の日まで　手塚治虫　過去と未来のイメージ展別冊図録』（朝日新聞社、1995年）
手塚治虫『漫画教室』（小学館クリエイティブ、2010年）
成田亨「怪獣はこうして考えろ」 小松崎茂監修『怪獣大全集4　怪獣の描き方教室』（ノーベル書房、1967年、復刊ドットコム、2004年）
成田亨『眞実　ある芸術家の希望と絶望』（成田亨遺稿集製作委員会、2003年）
成田亨『成田亨の特撮美術』（羽鳥書店、2015年）
馬場伸彦編　和田博文監修『コレクション・モダン都市文化　第45巻　機械と芸術』（ゆまに書房、2009年）
堀正旗「『ベルリン娘』の演出に就て」『フォトタイムズ』1933年7月1日
堀野正雄『現代写真芸術論』（天人社、1930年）
三島由紀夫「第四回オリムピア」『決定版　三島由紀夫全集　26』（新潮社、2003年）
村治夫「柳田先生と記録映画」『定本柳田國男集』月報23（筑摩書房、1963年）
森田典子「芸術映画社による製作現場の変容――戦時期日本における「ドキュメンタリー」の方法論の実践」『映像学』100巻（2018）
山口勝弘『ロボット・アヴァンギャルド　20世紀芸術と機械』（PARCO出版、1985年）
マーク・スタインバーグ、中川譲訳『なぜ日本は〈メディアミックスする国〉なのか』（KADOKAWA、2015年）
キャロライン・ティズダル　アンジェロ・ボッツォーラ著／松田嘉子訳『未来派』（PARCO出版、1992年）
ソポクレス著　藤沢令夫訳『オイディプス王』（岩波書店、1967年）
テア・フォン・ハルボウ著　酒寄進一訳『新訳　メトロポリス』（中央公論新社、2011年）
ヴァルター・ベンヤミン著　浅井健二郎編訳／久保哲司訳『ベンヤミン・コレクションⅠ　近代の意味』（筑摩書房、1995年）
ヴァルター・ベンヤミン著　山口裕之編訳『ベンヤミン メディア・芸術論集』（河出書房新社、2021年）
フィリップ・ミラー著　佐々木能理男訳『映画文化の精神』（往来社、1933年）
ルートヴィッヒ・レン著　佐々木能理男訳『戦争』（世界社、1930年）

『庵野秀明展ポスター』（2021年）
『庵野秀明展図録』（朝日新聞社、2021年）
『ザ・ドール　ハンス・ベルメール人形写真集』（河出書房新社、2004年）
『高山良策全貌展』（ストライプハウス美術館、1987年）
『円谷英二の映像世界』（実業之日本社、1983年）
ワタリウム美術館編『ロトチェンコの実験室』（新潮社、1995年）

大塚英志『アトムの命題　手塚治虫と戦後まんがの主題』（徳間書店、2003年）
大塚英志「補章2　まんが記号説の成立と戦時下の映画批評――クレショフと手塚治虫をめぐって」『アトムの命題　手塚治虫と戦後まんがの主題』（角川書店、2009年）
大塚英志『物語論で読む村上春樹と宮崎駿――構造しかない日本』（角川書店、2009年）
大塚英志『映画式まんが家入門』（アスキー・メディアワークス、2010年）
大塚英志「「映画的」とは何か――戦時下の映画批評と「日本的」であることをめぐって」 大塚英志編著『まんがはいかにして映画になろうとしたか　映画的手法の研究』（NTT出版、2012年）
大塚英志『ミッキーの書式』（角川学芸出版、2013年）
大塚英志「「アトム」は文化映画とディズニーの野合を夢見たのか」『TOBIO Critiques #3』（太田出版、2017年）
大塚英志『手塚治虫と戦時下メディア理論　文化工作・記録映画・機械芸術』（星海社、2018年）
大塚英志『大政翼賛会のメディアミックス 「翼賛一家」と参加するファシズム』（平凡社、2018年）
大塚英志監修／山本忠宏編『まんが訳酒呑童子絵巻』（筑摩書房、2020年）
大塚英志『「暮し」のファシズム　戦争は「新しい生活様式」の顔をしてやってきた』（筑摩書房、2021年）
大塚英志『大東亜共栄圏のクールジャパン』（集英社、2022年）

【引用文献】

板垣鷹穂『優秀船の芸術社会学的分析』(天人社、1930年)
板垣鷹穂「機械美の誕生」板垣鷹穂編『機械芸術論』(天人社、1930年)
井上英之／東宝（株）映像企画連絡会議企画『検証ゴジラ誕生　昭和29年・東宝撮影所』(朝日ソノラマ、1994年)
猪俣浩「「マレー戦記」と「空の神兵」を児童はどう見たか――少国民映画講堂の感想文から――」『映画教育』(全日本映画教育研究会、1942年10月号)
今泉武治「映画的なるもの」(メモ) 大塚所蔵 (1937年)
今橋映子『〈パリ写真〉の世紀』(白水社、2003年)
今村太平『漫画映画論』(第一芸文社、1941年)
今村太平『戦争と映画』(第一芸文社、1942年)
江馬修「郷土映画を与えよ」特集「地方文化と文化映画」『文化映画』(日本映画社、1942年2巻7号)
大久保和雄「編輯技術」報道技術研究会編『宣伝技術』(生活社、1943年)
折口信夫「霊魂の話」『民俗学』第1巻第3号 (1929年)
貸本新聞編集部「手塚治虫先生訪問記」『全国貸本新聞49』(全国貸本組合連合会、1958年)(船橋治編『全国貸本新聞』第1巻 不二出版、2010年)
片渕悦久「マグマ大使はゴーレムか？」、大場昌子他編『ゴーレムの表象　ユダヤ文学・アニメ・映像』(南雲堂、2013年)
栗原有蔵「奥の細道辿り道――東北行報告――」『文化映画研究』1巻1号 (1938年)
北條希士雄「特殊技術の新しき出発―円谷英二氏に聴く―」『映画技術』1942年7月 (竹内博編『定本円谷英二随筆評論集成』ワイズ出版、2010年)
倉野憲司校注『古事記』(岩波書店、1963年)
鈴木善太郎訳「緒言」『ロボット・カーレル・チャペック』(金星堂、1924年)
瀬尾光世「漫画映画発展のための諸問題」『映画評論』1944年9月号 (日本映画出版株式会社)
手塚治虫「思い出の日記―昭和二十年―」、北野中学の憶い出刊行委員会『北野中学の憶い出』1985年(手塚治虫漫画全集395別巻13『手塚治虫エッセイ集②』(講談社、1997年))
手塚治虫「親愛なる妖怪たち」『宝石』1962年5月号(手塚治虫漫画全集389別巻7『手塚治虫エッセイ集③』講談社、1997年)
手塚治虫『まんが選科初級編』(虫プロ商事、1969年)(手塚治虫漫画全集385別巻3『手塚治虫のまんが専科』講談社、1996年)
手塚治虫「ウォルト・ディズニー――マンガ映画の王者――」『朝日ジャーナル』1973年6月15日号 (手塚治虫漫画全集387別巻5『手塚治虫エッセイ集②』講談社、1996年)
手塚治虫「あとがき」(手塚治虫漫画全集88『メタモルフォーゼ』講談社、1977年)
手塚治虫「アニメーションは動きを描く」『12人の作家によるアニメーションフィルムの作り方』1980年8月11日主婦と生活社 (手塚治虫漫画全集387別巻5『手塚治虫エッセイ集②』講談社、1996年)
手塚治虫「アニメーションの魅力」『MILLIMETER MAGAZINE』1987年7月号 (手塚治虫漫画全集387別巻5『手塚塚治虫エッセイ集②』講談社、1996年)
野田真吉「柳田国男の「民族芸術と文化映画」と宮田登の「映像民俗学の調査方法」をめぐって―民俗事象の映像記録についての諸問題の覚え書―」(伊那民俗研究、2009年)
花田清輝「変形譚―ゲーテ」『復興期の精神』(真善美社、1946年)
花田清輝『大衆のエネルギー』(講談社、1957年)
花田清輝『新編　映画的思考』(未来社、1962年)
花田清輝「二つの焦点」『冒険と日和見』(創樹社、1971年)
花森安治「鉄骨ノ感覚」『校友会誌19号』1932年3月
早川孝太郎「農村生活を対象に」特集「地方文化と文化映画」『文化映画』(日本映画社、1942年2巻7号)
原弘「デザイン彷徨記」日本デザイン小史編集同人『日本デザイン小史』(ダヴィッド社、1970年)
南方熊楠「大正十五年十一月十二月朝十時半平沼大三郎」宛書簡『南方熊楠全集』9 (平凡社、1973年)
八木仁平「ミッキイ・マウスの微笑」『文化映画研究』1938年11月号
柳田國男「郷土研究の方法」『青年カード』第3次第2部第8号 (大日本連合青年団、1934年)
柳田國男「文化映画と民間伝承」『文化映画研究』1939年5月号 (文化映画研究)
柳田國男「雪国の話」 柳田國男・三木茂『雪国の民俗』1944年、養徳社 (柳田國男・三木茂『雪国の民俗』(復刻) 第一法規出版、1977年)
柳田國男、津村秀夫、三木茂、村治夫、橋浦泰夫「柳田國男氏を囲んで　文化映画と民俗学」『新映画』(映画出版社、1941年3月号)
Dz・ヴェルトフ　大石雅彦訳「われわれは (マニフェスト案)」 大石雅彦・田中陽編『ロシア・アヴァンギャルド3　キノ―映像言語の創造』(国書刊行会、1994年)
Dz・ヴェルトフ 近藤昌夫訳「『カメラを持った男』(視覚のシンフォニー)」 大石雅彦・田中陽編『ロシア・アヴァンギャルド3　キノ―映像言語の創造』(国書刊行会、1994年)
セルゲイ・エイゼンシュテイン 大塚英志事務所訳「On Disney」(Richard Taylor編『The Eisenstein Collection』(Seagull Books、2006年)
J・W・v・ゲーテ「教訓詩「動物のメタモルフォーゼ」」木村直司編訳『ゲーテ形態学論集・動物篇』(筑摩書房、2009年)
J・W・v・ゲーテ「形態学序論」 木村直司編訳『ゲーテ形態学論集・植物篇』(筑摩書房、2009年)
J・W・v・ゲーテ「形態学一般に関する考察」 木村直司編訳『ゲーテ形態学論集・植物篇』(筑摩書房、2009年)
ロラン・バルト著／宗左近、諸田和治訳『エッフェル塔』(審美社、1979年)

＊引用に際しては、新字、新かなに改めました。

シン・論 おたくとアヴァンギャルド

2022年5月27日 初版発行

著者
大塚英志

編集
古里 学・落合美砂

装幀&カバー写真
宗利淳一

組版
本多マークアントニー

発行者
岡聡

発行所
株式会社太田出版

〒160-8571 東京都新宿区愛住町22 第3山田ビル4F
電話 03-3359-6262　ファックス 03-3359-0040　振替口座 00120-6-162166
URL http://www.ohtabooks.com/

印刷・製本
株式会社シナノ

ISBN978-4-7783-1813-0

大塚英志(おおつか・えいじ)

国際日本文化研究センター教授。まんが原作者。
著書に
『手塚治虫と戦時下メディア理論 文化工作・記録映画・機械芸術』(星海社、二〇一八年)
『大政翼賛会のメディアミックス 『翼賛一家』と参加するファシズム』(平凡社、二〇一八年)
『大東亜共栄圏のクールジャパン「協働」する文化工作』(集英社新書、二〇二二年)など。
現在の研究テーマは戦時下のメディア理論と文化工作。